U0592509

中国石油

HBYT-JCJ-1-32

华北油田组织史资料
（基层卷）

第一部　第三十二卷

河北华北石油路桥工程有限公司

（2000—2015）

河北华北石油路桥工程有限公司人事科｜编

石油工业出版社

图书在版编目（CIP）数据

华北油田组织史资料．基层卷．第一部．第三十二卷 /
河北华北石油路桥工程有限公司人事科编． -- 北京：石油
工业出版社，2025. 5． -- ISBN 978-7-5183-7386-4

Ⅰ．F426.22

中国国家版本馆 CIP 数据核字第 2025YL6286 号

华北油田组织史资料　基层卷　第一部　第三十二卷
河北华北石油路桥工程有限公司人事科　编

项目统筹：冀宇飞　李廷璐

图书统筹：李廷璐

责任编辑：李廷璐　孟海军

责任校对：郭京平

出版发行：石油工业出版社

　　　　　（北京市朝阳区安华里 2 区 1 号楼　100011）

　　　网　　址：www.petropub.com

　　　编辑部：（010）64259117　64523611

　　　图书营销中心：（010）64523731　64523633

印　　刷：北京中石油彩色印刷有限责任公司

2025 年 5 月第 1 版　2025 年 5 月第 1 次印刷

787×1092 毫米　开本：1/16　印张：7

字数：111 千字

定价：98.00 元

ISBN 978-7-5183-7386-4

《华北油田组织史资料（基层卷）第一部　第三十二卷》编审委员会

前　　言

2013 年 4 月，华北油田分公司全面启动《华北油田组织史资料》的编纂工作，分为企业卷、基层卷两个层面组织编纂。由华北油田分公司人事处牵头成立组织史编纂工作领导小组，组织开展企业卷、基层卷的编纂工作。同月，河北华北石油路桥工程有限公司成立路桥公司组织史资料编纂委员会，下设编纂办公室，办公室设在人事科，全面启动了河北华北石油路桥工程有限公司组织史资料的编纂工作。经过辛勤工作，现已完成编纂工作。本书采取编年体与纪事本末体相结合的方式，系统回顾了自河北华北石油路桥工程有限公司成立以来的机构沿革、领导任免、内设机构、人事管理、组织建设等总体情况，力争全面、系统、客观、真实地记录和反映河北华北石油路桥工程有限公司组织机构沿革及人事工作 16 年的发展历程。

2000 年 1 月，为改善资本结构，推动企业开拓局外市场，华北石油管理局决定，公用事业管理处对筑路工程公司进行股份制改造，在筑路工程公司的基础上组建河北华北石油路桥工程有限公司。河北华北石油路桥工程有限公司主要负责高速公路路基、一级标准以下公路和独立大桥工程的施工及其他配套工程。2000 年 7 月，河北华北石油路桥工程有限公司设科室 7 个：综合办公室、财务部、经营开发部、人事劳资部、技术质量部、生产管理部、机动安全部。所属科级单位 5 个：一分公司、二分公司、三分公司、四分公司、工程车队。

2003 年，随着华北石油管理局社区"五路一排"改造工程的实施，河北华北石油路桥工程有限公司抓住机遇，首次涉足市政工程，经过加强内部管控，推行精细管理，使得利润率高出预期。2005 年河北华北石油路桥工程有限公司对二级资质营业范围进行了增项，向河北省建设厅申报了市政和道路养护资质，增加市政三级资质和乙类甲级道路养护资质。河北华北石油路桥工程有限公司自 2000 年 6 月成立至 2008 年 2 月，共完成道路建设、大修改造等工程 460 万平方米，固定资产原值 4492.89 万元、净值 1837.08 万元，产值 4.84 亿元。

2008年2月，华北石油管理局整体委托华北油田分公司管理后，河北华北石油路桥工程有限公司划归华北油田分公司管理，为华北油田分公司所属副处级单位，主要从事油田道路工程、市政工程建设专业施工。注册地点为河北省石家庄市，办公地点设在河北省任丘市。河北华北石油路桥工程有限公司机关设科室6个：综合办公室、财务部、经营开发部、人事劳资部、生产机动安全部、技术质量部；机关附属单位1个：小车班；直属单位1个：供应站；所属单位5个：冀中项目部、冀东项目部、二连项目部、重庆项目部、搅拌站。在册员工192人，党组织关系隶属华北油田分公司党委直属党总支，下属6个党支部，共有党员68人。

2009年6月，河北华北石油路桥工程有限公司完成股权置换，河北华北石油工程建设有限公司将其在河北华北石油路桥工程有限公司的30%股权全部转让给华北石油管理局，河北华北石油路桥工程有限公司将其在河北华北石油房地产开发有限公司的41.67%股权全部转让给华北石油管理局，河北华北石油路桥工程有限公司的全部股权为华北石油管理局持有，变更为华北石油管理局全资子公司，纳入华北油田分公司未上市企业管理。注册资本6000万元，法定代表人张会成，主要负责油田矿区各类道路、市政工程建设任务。

2010年，河北华北石油路桥工程有限公司取得了设计资质证书，开始发展路桥、市政工程设计咨询业务。2010年河北华北石油路桥工程有限公司研究并推广"彩色沥青路面"技术，开创了先进技术引导的先河。"提高沥青砼路面施工平整度"QC项目荣获2010年度华北油田公司质量管理小组成果二等奖。"提高雨水井周围沥青混凝土平整度"和"提高沥青混凝土强度降低沥青消耗"2个QC项目获得2013年度华北油田公司质量管理小组成果三等奖。彩色沥青混凝土路面技术、半刚性抗车辙路面技术以及冷拌沥青混凝土施工工艺等一批新技术在创业家园C、D区道路得到推广应用。2008年至2012年，河北华北石油路桥工程有限公司共完成道路建设、大修改造等工程130万平方米，固定资产原值7421.24万元、净值4211.62万元、产值53467万元。

截至2015年12月，河北华北石油路桥工程有限公司机关设科室5个：办公室（党群工作科）、财务科、计划经营科、人事科、生产机动安全科；

机关附属单位 1 个：小车班；所属单位 5 个：供应站、工程技术服务处、第一工程处、第二工程处、搅拌站。在册员工总数 175 人，其中男员工 141 人，女员工 34 人；本科及以上学历 81 人，大专学历 39 人；平均年龄 42.9 岁；管理人员 47 人，专业技术人员 57 人，操作技能人员 71 人；拥有专业技术职称的 98 人，占员工总数的 56%，其中具备中高级技术职称的 63 人；技师 8 人，高级工 58 人，中级工 4 人；已取得各类执业资格证书共计 32 个，其中：一级建造师 17 个、二级建造师 3 个，造价工程师 1 个，公路水运工程试验检测师 8 个，安全工程师 2 个，企业法律顾问 1 个。

　　编纂《华北油田组织史资料（基层卷）第一部　第三十二卷》是一项政策性、业务性、技术性、规范性很强的工作，既涉及组织变迁、人事更替及重大事件等复杂敏感的历史性、政策性问题，又涉及收编内容、人员任免时间认定等业务问题。这对于这项工作的组织者以及执笔编纂人员来说是一项崭新的工作，编纂过程是一个回顾历史、调查研究、不断学习、逐步提高的过程。《华北油田组织史资料（基层卷）第一部　第三十二卷》的编纂完成，对广大干部员工了解河北华北石油路桥工程有限公司的历史沿革有着重要的作用。

2017 年 12 月

凡　例

一、本书按照中国石油天然气集团公司下发的《〈中国石油组织史资料〉编纂技术规范》和华北油田分公司下发的《〈中国石油华北油田组织史资料〉编纂技术规范》进行编纂。

二、指导思想。本书以马列主义、毛泽东思想、邓小平理论、"三个代表"重要思想、科学发展观、习近平新时代中国特色社会主义思想为指导，坚持辩证唯物主义和历史唯物主义的立场、观点和方法，按照实事求是的原则和"广征、核准、精编、严审"的工作方针，以 2015 年 12 月时的华北油田分公司各所属单位为对象，追溯历史，全面客观地记述各所属单位自成立以来的组织机构演变发展历程和人事变动情况，以期发挥"资政、存史、育人、交流"的作用。

三、断限。本书收录上限始于各单位成立之日，下限断至 2015 年 12 月。

四、指代。本书中"总公司"指代中国石油天然气总公司，"集团公司"指代中国石油天然气集团公司，"股份公司"指代中国石油天然气股份有限公司，"华北油田分公司"指代中国石油天然气股份有限公司华北油田分公司，"管理局"指代华北石油管理局。"中国石油"以 1988 年 9 月中国石油天然气总公司成立为界，之前泛指中国石油工业。"华北油田"以 1981 年 6 月为界，之前泛指华北石油会战指挥部所属油田（含大港油田），之后泛指华北石油管理局与华北油田分公司。

五、资料的收录范围。本书收录的资料分 3 个部分：一是组织机构沿革及领导成员名录等正文收录资料；二是组织人事统计资料及其他相关人员名录等附录资料；三是组织人事大事纪要等资料。

组织机构收录范围主要是依据行政隶属关系和股权管理确定，领导名录收录范围主要是按照干部管理权限确定。具体包括：各单位的领导机构及其领导成员，机关部门、附属单位、直属单位、所属单位、控股公司领导机构及其领导班子成员。参股公司只收录属华北油田分公司（华北石油管理局）

员工（职工）的董事、监事、高级经营管理人员或股东代表。

附录主要内容包括：组织机构设置序列和沿革图，局级及以上专家、技术能手，副高级以上职称等高层次人才队伍人员名录，全国及省（市）、县党代表、人大代表、政协委员名录，局级及以上先进集体、先进个人和石油英模名录，企业主要经营指标完成情况及历年人事劳资统计简表等。每卷附录收录内容依据各单位实际情况而定。

组织人事大事纪要主要收录干部任免、人事劳资、教育培训等重要组织人事业务的时间、决定机关、依据文件、主要内容或结果等。

六、资料的收录原则。党、政组织机构较详，其他组织机构较略；本级机构较详，下属组织机构较略；存续下来的机构较详，期间撤销或划出的组织机构较略；组织机构及领导成员资料较详，其他资料较略。

七、编纂结构体例。本书采取"先分阶段，再分层级，后分层次"横竖结合的方法，按卷、编、章、节、目等层次进行编纂，按机构名称设卷分册。各单位自成一卷，各卷根据内容篇幅分册。全书共分为37卷40册。其中，第1至第11卷为常规油气业务板块单位，第12至第13卷为新能源板块和对外合作板块单位，第14至第16卷为多种经营板块单位，第17至第28卷为矿区服务板块单位，第29至第37卷为生产服务及社会服务板块单位。

各卷根据本单位历史沿革分为若干编，各编第一章章下不设节，直接分条目收编具体的党政组织机构领导名录；正文其他各章以本章所收编的具体机关部门、企事业单位或具体建制单位等分别设节，节下收编具体的组织机构。一般按照机关职能部门、直属单位、所属单位性质的机构单独设一节，机关附属单位根据具体情况单独占节或收录在相应业务从属部门的节下。

各卷、编附录主要以表格或列项的形式收录。

八、本书采用文字叙述、组织机构及领导成员名录、图表相结合的编纂体例进行资料编排。

（一）组织机构沿革文字叙述的编排。本书文字叙述起连接机构、名录、图表的链条作用，主要包括综述、分述和简述。在各卷或编首写有本单位组织机构的综述，主要记述该时期本级组织机构的基本简况、沿革变化及其历史背景；下属工作机构和所属单位的机构改革、体制调整等组织沿革情况；本级组织机构在企业管理和改革、生产经营、干部和员工队伍建设、党的建设和企业文化建设等方面所采取的重大决策、重要措施及取得的主要成绩等内容。

在各章之首，写有本时期领导机构、机关工作部门、所属单位每个层次的分述，主要围绕本层次组织机构发展主线，采取编年纪事与本末纪事相结合的方式，简要概述本层次机构所涉及的重大管理体制调整、组织机构调整、业务重组整合、领导届次变化和组织机构的基本概况。

在各节或目下，分别收编具体组织机构，一般分为两部分：第一部分为该组织机构沿革的文字简述，第二部分为该组织机构及领导成员名录。简述主要记述该机构建立、撤销、分设、合并、更名、职能变化、业务划转、规格调整、体制调整的依据及结果，上级下属、内部机构设置及人员编制的变化情况，机构驻地和生产规模、工作业绩概况等。

（二）组织机构的编排顺序。一般按机构成立时间先后或编纂下限时的规范顺序排列。工作机构，按照职能部门、直属单位（派出机构列直属单位一章）均按时间顺序收编；各所属企事业单位按其成立时间先后或编纂下限时机构设置序列表为序，有明确规范排序的，按规范的顺序。

领导机构原则上在1988年实行局（厂）长负责制以前，按党的领导机构、纪委领导机构、行政领导机构和工会领导机构依次编排，1988年实行局（厂）长负责制之后，按行政领导机构、党的领导机构、纪委领导机构和工会领导机构依次编排。同时，为了规范简洁，编纂时间段跨1988年的按照行政领导机构、党的领导机构、纪委领导机构和工会领导机构依次编排，有明确规定的按规定顺序编排。设董事会、监事会的，董事会、监事会列在行政领导机构前。收录助理、副总师的，列在工会领导机构后。

（三）领导名录的编排顺序。一般按正职、副职和任职时间先后的顺序分别排列。同为副职的，按任职先后排列；同时任职的，按任免文件中的顺序排列；上级主管部门任命时已注明排列顺序或有规范惯例的，按文件规定和当时的惯例排序；领导班子中有正、副处级巡视员及其他相应职级干部的，依次编排在行政领导班子成员名录后；提前退出领导班子现职的成员，本书未收录。

一人兼任多职的，按不同职务序列名称分别编排。除上级部门领导兼任下级职务和"安全总监"职务标注"兼任"外，其他同一人分别担任不同岗位职务时一般不标注"兼任"。

本书领导名录编排顺序不代表班子成员实际排序。

（四）其他。组织机构名称一般使用全称，名称过长或常用简称的，第一次出现时使用全称并注明之后用简称。目录和标题中的机构名称一般用规范的简称或全称。

九、本书收录的领导成员资料包括其职务（含代理）、姓名（含曾用名）、性别、少数民族族别、任职起止年月等人事状况。凡涉及女性、少数民族、兼任、主持工作、挂职、未到职或领导成员实际职务级别与组织机构规格不一致等情况的，在任职时间括号内备注。涉及同一人的备注信息，仅在该节第一次出现时加注。同一卷中姓名相同的，需标注性别或籍贯、出生年月、毕业院校等以示区别。对组织上明确设有"常务"职务的，一般单列职务名录，编排在其他副职前。

十、本书收录的组织机构及领导成员，均在其后括号内注明其存在或任职起止年月。月不详者注季，季不详者注上半年、下半年或年，年、月均不详者括号内注不详。任职上下限时间在同一年内者，标注下限时间时省略年，例如（19××.×—×）；在同一个月内者，任职时间只标注年月，例如（19××.×）。同一组织、同一领导成员，其存在或任职年月有两个或两个以上时段时期时，前后两个时期之间用"；"隔开；组织机构更名的，排列时原名称在前、新名称在后，中间用"—"连接。收录的某一组织机构，在其存在时限内，其领导成员一直空缺或不详者，分别在职务后括号内标注"空缺"或"不详"。

十一、组织机构设立和撤销时间，原则上以上级机构管理部门正式下发的文件为准；没有文件的，以工商注册或资产变更等法定程序为准。

十二、领导成员任离职时间，均以干部主管部门任免时间或完成法定聘任（选举）程序时间为准。同一个人有几级任免文件的，按干部管理权限，以主管部门任免行文时间为准。属自然免职或无免职文件的，将下列情况作为离职时间：被调离原单位的时间，办理离、退休手续的时间，去世时间，机构撤销时间，选举时落选时间，新的领导人接替时间，副职升正职的时间，随机构名称变更而职务变化的时间，刑事处罚、行政处分和纪律处分时间。确无文件依据的，经组织确认后，加以标注。此外，各职务领导接任时间不连续的，一般视为干部任免考察需要，除特殊情况外不标注。

十三、本书入编机构为以人事部门机构文件为准的常设机构，未收录各种临时机构、虚设机构、领导小组、委员会等非常设机构。

十四、本书资料收录的截止时间，不是组织机构和领导成员任职的终止时间。各组织机构一般按机构起止时间划段，分别收录在相应编（章）内；对跨限时间较短的，则集中编排在上一编（章）或下一编（章）内。同一编内，机构性质发生变化的，按照变化的时间划段，分别编排在不同章下。

十五、本书对历史上的地域、组织、人物、事件等，均使用历史称谓。中国共产党各级组织名称一般省略"中共"二字，简称为"党委""党总支""党支部"。收录党组织领导名录时，根据编排需要，一般省略所属单位党组织名称中"华北石油会战指挥部""华北石油管理局""中国石油""中国石油天然气股份有限公司华北油田分公司"等字样。中国共产党第 × 次全国代表大会，简称为"党的 × 大"；中华人民共和国第 × 届全国人民代表大会，简称为"× 届全国人大"；中国人民政治协商会议第 × 届全国委员会第 × 次会议，简称为"全国政协 × 届 × 次会议"。

十六、本书一律使用规范的简化字。数字使用依据《出版物上数字用法》（GB/T 15835—2011），采用公历纪年，年代、年、月、日和记数、计量、百分比均用阿拉伯数字。表示概数或用数字构成的专用名词用汉字数字。货币单位除特指外，均指人民币。

十七、本书采用行文括号注和页下注。行文括号注包括领导成员的人事状况，组织的又称、简称、代称，专用语全称与简称的互注等。页下注系需要说明的问题。同一内容的注释，只在该册第一次出现时注明。

十八、本书收录的文献多为全文照录，保留原标题。篇幅较长的文献，以突出组织人事工作主线进行适当节录。对已公开出版或已经收录到文件选编的，一般只列出标题，内文省略。

十九、本书收录的资料，仅反映组织机构沿革、领导成员更迭变动和干部队伍发展变化的历史，不作为机构和干部个人职级待遇的依据。由于情况复杂，个别人员姓名和任职时限难免出现错漏和误差，有待匡正。

二十、本书各卷在本凡例之后设有"本卷编纂说明"，进一步说明该卷需要交代的具体事项。

本卷编纂说明

一、本卷为《华北油田组织史资料（基层卷）第一部　第三十二卷》，收录 2000 年 1 月至 2015 年 12 月期间河北华北石油路桥工程有限公司的组织机构沿革和主要领导成员资料，是按照华北油田分公司的统一部署，在人事处组织史资料编纂办公室的指导下，由河北华北石油路桥工程有限公司人事科编纂完成。

二、本卷章节设置：

本卷设置五章，分别是领导机构、机关科室及党工组织、所属单位、附录、组织人事大事纪要。

三、本卷组织机构及领导成员名录收录范围：

主要收录 2000 年 1 月至 2015 年 12 月河北华北石油路桥工程有限公司董事会和监事会成员名录，组织机构及各级党组织负责人名录，各级行政领导成员名录，工会主席、副总师、安全副总监名录。

四、本卷附录收录组织机构名录，组织机构沿革图，劳动模范名单，优秀党员、优秀党务工作者名单，先进党组织名单，历年党员人数和党组织情况表，获得高级职称人员名单及机关科室人员简明表等资料。

五、本卷特殊说明：

本卷中"路桥公司"指代河北华北石油路桥工程有限公司。

六、本卷综述部分包含路桥公司的成立与组织机构沿革、改革发展及主要经营成果、员工管理与人才队伍建设、党的建设与思想政治工作四方面内容。

七、本卷原始资料主要来源：路桥公司档案室，油田公司年鉴和历年文件选编，路桥公司人事干部档案、工作会议资料、会议材料（历届职工代表大会、历届党员代表大会、历届工会代表大会）、工作总结、统计报表等。

目　录

综　　述 ………………………………………………………………… 1

第一章　领导机构 …………………………………………………… 19

第二章　机关科室及党工组织 ……………………………………… 29

　　第一节　综合办公室—办公室（党群工作科）（2000.7—2015.12）… 29

　　第二节　财务部—财务科（2000.7—2015.12）………………… 31

　　第三节　经营开发部—计划经营科（2000.7—2015.12）……… 32

　　第四节　人事劳资部—人事科（2000.7—2015.12）…………… 34

　　第五节　机动安全部—安全管理科—生产机动安全部—生产机动安全科
　　　　　　（2000.7—2015.12）…………………………………… 35

　　第六节　生产管理部（2000.7—2001.4）………………………… 36

　　第七节　生产协调部（2003.3—2006.3）………………………… 36

　　第八节　技术质量部（2000.7—2011.1）………………………… 37

　　第九节　机关党支部、工会（2001.4—2015.12）……………… 38

第三章　所属单位 …………………………………………………… 39

　　第一节　供应站（2004.4—2015.12）…………………………… 40

　　第二节　一分公司（2000.7—2001.4）…………………………… 40

　　第三节　二分公司（2000.7—2001.4）…………………………… 41

　　第四节　三分公司（2000.7—2001.4）…………………………… 41

　　第五节　四分公司（2000.7—2001.4）…………………………… 42

　　第六节　工程车队（2000.7—2001.4）…………………………… 42

　　第七节　工程项目管理部（2001.4—2003.3）…………………… 43

　　第八节　机械设备队（2001.4—2003.3）………………………… 44

　　第九节　搅拌站（2001.4—2011.1；2015.1—12）……………… 44

　　第十节　路面工程队（2002.2—2003.3）………………………… 46

　　第十一节　冀中项目部（2003.3—2011.1）……………………… 46

第十二节 第一工程处（2011.1—2015.12）·············47

第十三节 二连项目部—第二工程处（2003.3—2015.12）·············48

第十四节 新疆项目部（2003.3—2006.3）·············50

第十五节 西藏项目部（2003.3—2004.4）·············50

第十六节 重庆项目部（2006.6—2010.7）·············51

第十七节 冀东项目部（2007.3—2011.1）·············52

第十八节 苏里格项目部—第三工程处（2008.9—2015.1）·············53

第十九节 工程技术服务处（2011.1—2015.12）·············54

第四章 附 录·············55

第一节 2000年河北华北石油路桥工程有限公司组织机构名录·········55

第二节 2000—2015年组织机构沿革图·············56

第三节 2015年河北华北石油路桥工程有限公司组织机构名录·········60

第四节 获得局级劳动模范人员名单·············60

第五节 获得局级、部级优秀党员、党务工作者人员名单·············61

第六节 获得局级先进党支部党组织名单·············61

第七节 历年党员人数和党组织情况·············62

第八节 获得高级职称人员名单·············62

第九节 机关科室人员简明表·············63

第五章 组织人事大事纪要·············65

二〇〇〇年 ·············65

二〇〇一年 ·············66

二〇〇二年 ·············67

二〇〇三年 ·············68

二〇〇四年 ·············70

二〇〇五年 ·············71

二〇〇六年 ·············72

二〇〇七年 ·············73

二〇〇八年 ·············74

二〇〇九年 ·············75

二〇一〇年 ·············76

二〇一一年 ……………………………………………… 77

二〇一二年 ……………………………………………… 79

二〇一三年 ……………………………………………… 80

二〇一四年 ……………………………………………… 80

二〇一五年 ……………………………………………… 82

后　　记……………………………………………… 85

综　述

2000 年 1 月，根据建立现代企业制度的要求，华北石油管理局决定对公用事业管理处筑路工程公司进行股份制改造，本着"产权清晰、责权明确、政企分开、管理科学"的原则，在筑路工程公司的基础上组建河北华北石油路桥工程有限公司（以下简称路桥公司）。同年 6 月，路桥公司注册为华北石油管理局所属子公司，按照副处级单位管理。路桥公司主要从事油田道路工程、市政工程建设专业施工。经营范围包括：公路、市政公用工程施工；普通货运；施工机械修理；自有设备租赁；油气井钻前工程；固井工程技术服务；路桥、市政公用工程的技术咨询与服务、园林绿化、清洁服务、化工石油设备管道安装；防腐保温工程；机电设备安装等。具有公路工程施工总承包二级、市政公用工程施工总承包二级、石油化工工程施工总承包三级、公路路面工程专业承包二级、公路路基工程专业承包二级、建筑机电设备安装专业承包二级、防水防腐保温工程专业承包二级等资质。路桥公司自成立以来，以适应市场为导向，以创业创新为动力，不断提升自身实力，积极拓展发展空间，业务区域包括冀中、冀东、重庆、新疆维吾尔自治区、西藏自治区、内蒙古自治区等地，优质高效地完成了会战道、潜山道、文化道改扩建工程，锡阿公路大修工程，南堡油田 1、2 号线道路和南堡西线主干道三项道路紧急抢修任务等重点工程，为矿区建设和油田发展提供了坚强保障。

一、路桥公司的成立与组织机构沿革

路桥公司按照油田改革发展要求和生产经营需要，先后多次对公司股权、机关和基层单位进行重组调整，逐步建立起符合社会经济规律、充分参与市场竞争的体制机制。

（一）历史沿革

1975年7月，华北石油会战指挥部在任丘钻探任4井获高产油流。为抢筑京开公路至任4井的道路和会战大道，10月，大港油田油建指挥部决定，抽调筑路队骨干力量，组成44人的施工队伍赴河北任丘参加华北石油会战。

1976年3月，大港油田油建指挥部根据华北石油会战指挥部核心领导小组的意见，调筑路队全部人员、设备到任丘参加会战。至4月，完成了筑路队整建制搬迁。

1977年8月，根据华北石油会战指挥部的意见，筑路队兵分两路，一路返回大港油田，一路参加任丘会战。参加任丘会战的人员和设备归华北石油运输指挥部管理，组成了华北石油运输指挥部筑路大队。

1980年8月，华北石油运输指挥部决定，筑路队扩建为筑路大队，并成立筑路大队党总支委员会。

1981年11月，华北石油管理局决定，第一油田建设公司、第二油田建设公司各抽调一个30人左右的建制班与华北石油管理局运输公司[①]筑路大队组建公用事业管理处，原筑路大队分为筑路队和养路队两个中队级单位，主要负责华北石油管理局内部道路新修、养护及附属设施的施工任务。

1988年6月，公用事业管理处组建沥青搅拌站。

1993年2月，管理局对公用事业管理处机关职能部门和所属单位进行调整，将筑路队、养路队及沥青搅拌站等与筑路有关的设备、人员合并组建成立筑路工程处，为科级单位。

1994年12月，筑路工程处更名为筑路工程公司。

2000年1月，华北石油管理局决定，将筑路工程公司从公用事业管理处分离出来进行股份制改造，组建河北华北石油路桥工程有限公司，为华北石油管理局副处级单位。

（二）股权改革情况

2000年4月，路桥公司召开第一次股东会，对公司筹建情况进行通报，

---

① 1981年6月，华北石油会战指挥部更名为华北石油管理局；同年9月，华北石油管理局运输指挥部更名为华北石油管理局运输公司。

审议通过公司章程，选举产生了第一届董事会、监事会。董事会由 7 人组成，孙富明为董事长，监事会由 3 人组成，闫德山为监事会主席。聘任黎世清为总经理，张国权为副总经理兼任总工程师。6 月，路桥公司注册为华北石油管理局所属子公司，按照副处级单位管理；法定代表人为孙富明；注册资本 2024 万元，其中华北石油管理局出资 1687.9 万元，占注册资本的 83.39%，员工个人出资 336.1 万元，占注册资本的 16.61%；注册地点为河北省石家庄市；办公地点在河北省任丘市。

2003 年 1 月，经华北石油管理局党政领导联席会研究决定，建议聘任张会成为路桥公司总经理。2 月，路桥公司第二届一次董事会会议召开，聘任张会成为总经理。同月，路桥公司召开第二届一次股东会议，注册资本增加至 3024 万元，新出资 1000 万元全部由华北石油管理局以货币方式认缴。

2004 年 8 月，华北石油管理局新增出资 1176 万元，河北华北石油工程建设有限公司出资 1800 万元，员工个人股东将全部出资转让给华北石油管理局。路桥公司注册资本变更为 6000 万元。其中，华北石油管理局共出资 4200 万元，占注册资本的 70%；河北华北石油工程建设有限公司出资 1800 万元，占注册资本的 30%。10 月，河北华北石油工程建设有限公司持有的河北华北石油房地产开发有限公司 25% 的股份全部转让路桥公司。12 月，路桥公司向河北华北石油房地产开发有限公司投资 400 万元。

2009 年 6 月，路桥公司完成股权置换，河北华北石油工程建设有限公司将其在路桥公司的 30% 股权全部转让给华北石油管理局，路桥公司将其在河北华北石油房地产开发有限公司的 41.67% 股权全部转让给华北石油管理局，路桥公司的全部股权为华北石油管理局持有，变更为华北石油管理局全资子公司，纳入华北油田分公司未上市企业管理，注册资本 6000 万元，法定代表人张会成。

（三）组织机构调整情况

2000 年 4 月，成立中共华北石油管理局河北华北石油路桥工程有限公司总支部，党组织关系隶属中共华北石油管理局公用事业管理处委员会，李天华任党总支书记，李天华为指定纪委负责人。6 月，路桥公司工会成立，李天华任工会主席。7 月，路桥公司设部室 7 个：综合办公室、财务部、经营开发部、人事劳资部、技术质量部、生产管理部、机动安全部；所属科级单位5个：一分公司、二分公司、三分公司、四分公司、工程车队；在职员工共319人。

2001年4月，撤销生产管理部；撤销四个分公司和工程车队，成立工程项目管理部、机械设备队、搅拌站。

2003年2月，华北石油管理局党委组织部部务会决定，中共华北石油管理局河北华北石油路桥工程有限公司总支部委员会隶属华北石油管理局党委领导，张会成任党总支书记。党总支下设4个党支部，共有党员59人。3月，机关和所属单位调整，成立生产协调部，机关部室增加至7个；撤销工程项目管理部、机械设备队；按照区域化管理要求，根据业务分布的主要地区成立冀中项目部、二连项目部、新疆项目部、西藏项目部4个科级单位，所属科级单位调整为5个；在册员工181人。

2004年4月，路桥公司撤销西藏项目部，成立机关直属单位供应站。

2006年3月，撤销新疆项目部。6月，成立重庆项目部。

2007年3月，路桥公司为加大市场开发力度，成立冀东项目部，为科级单位，定员11人。办公地点设在冀东油田，位于河北省唐海县。

2008年2月，路桥公司划转华北油田分公司，为华北油田分公司所属副处级单位。公司机关科室6个：综合办公室、财务部、经营开发部、人事劳资部、技术质量部、生产机动安全部；机关附属单位1个：小车班；直属单位1个：供应站；所属单位5个：冀中项目部、冀东项目部、二连项目部、重庆项目部、搅拌站。在册员工191人。党组织关系隶属华北油田分公司党委直属党总支部，下设6个党支部，共有党员67人。

2011年1月，为便于人员设备的流动、转移和施工队伍调遣，路桥公司优化岗位设置，精简编制，调整组织机构：人事劳资部更名为人事科；财务部更名为财务科；经营开发部更名为计划经营科；生产机动安全部更名为生产机动安全科；冀中项目部和搅拌站重组为第一工程处；二连项目部与冀东项目部合并，成立第二工程处；苏里格项目部更名为第三工程处；成立工程技术服务处；撤销技术质量部。

2012年1月，成立路桥设计所，划归工程技术服务处。

2015年1月，根据业务分布情况，加强专业化管理，将搅拌业务从第一工程处分离出来，组建搅拌站，为基层中队级单位；第二工程处与第三工程处合并为第二工程处，负责原两个工程处的所有业务。2月，综合办公室更名为办公室（党群工作科），定员和职责不变。

截至2015年12月，路桥公司机关设科室5个：办公室（党群工作科）、财务科、计划经营科、人事科、生产机动安全科。所属科级单位3个：工程技术服务处（路桥设计所）、第一工程处、第二工程处。所属中队级单位2个：供应站、搅拌站。在册员工182人。党组织关系隶属华北油田分公司党委直属党总支，下设4个党支部，共有党员72人。

二、改革发展及主要经营成果

改制伊始，路桥公司坚持从面临的实际困难出发，培养自强不息的企业精神，推动企业稳步前行，不断完善管理制度、优化组织结构、更新施工技术、拓展外部市场，使路桥公司逐步摆脱困境，步入健康发展的轨道。

（一）抢抓机遇，迅速摆脱负债经营

2000年，路桥公司面对市场萎缩、业务量少、入不敷出、发不出工资等现实困难，全体员工团结一心，艰难起步，当年完成施工作业量1720万元。2001年，施工作业量增加，经营形势出现转机。公司上下坚持从适应市场、转变观念、强身健体、服务业主入手，一举完成施工作业收入3928.76万元，并首度实现经营盈利，初步摆脱了经营态势恶化的严峻局面。2002年，施工作业量充足，路桥公司把握机遇、加快发展、艰苦奋斗，完成施工作业收入6750万元。总体上看，改制三年来，经营呈收大于支的态势，摆脱了负债经营的被动局面，为公司未来的良性经营和稳定发展奠定了基础。2003年路桥公司抓住华北石油管理局社区"五路一排"改造的历史机遇，首次涉足市政工程，虽然工程造价较低，但通过加强内部管控，推行精细管理，使得利润率高出预期。2003年会战道改扩建工程、锡阿公路大修工程，2005年渤海路改扩建工程，2006年会战道南延改扩建工程等对路桥公司经营状态稳步提升起到了关键作用。2010年根据油田公司大社区改造规划，路桥公司拓宽发展思路，在做好道路业务的同时，大力挺进

市政工程业务，承揽社区改造工程，迈出了业务转型的一大步。2000 年至 2015 年，路桥公司改制 16 年以来，共完成道路新建、改扩建、养护等工程长度累计达 1500 千米，钻前、市政等各类资质工程 210 多项；施工作业收入共计 15.73 亿元，平均年产值达到 9832 万元。

（二）稳扎稳打，积极开拓外部市场

市场是企业生存的平台。2000 年是改制后起步的第一年，路桥公司便将工作重点放在市场维护与开发方面，全年共落实合同工作量 4621.23 万元，当年实际完成工作量 1646.63 万元，为下一年储备施工作业量 2974.6 万元。2001 年完成油田外部市场工作量 1721.86 万元，占年度总收入的 43.82%。2005 年至 2008 年公司大力开拓外部市场。2005 年中标重庆白沙至綦江段高等级公路标段。2006 年市场开发取得新突破，成功进入重庆高等级公路建设市场，并取得 5700 万元市场大单。9 月，进入冀东油田市场承揽作业任务。2007 年 2 月，组建施工队伍开始进入冀东油田市场施工作业，按期完成南堡油田 1、2 号线道路和南堡西线主干道三项道路紧急抢修任务，确保集团公司领导、国家领导人视察南堡油田道路畅通。随后陆续又获得 17 项道路大修、维修养护工程。全年完成施工作业收入 7193 万元，在工程工期、质量、安全环保等方面都取得了较好成绩，赢得了甲方的信赖，并获得华北油田分公司"为冀东上产，为华北创效拼搏"主题竞赛优秀基层单位光荣称号，被《华北石油报》和《中国石油报》先后报道，为今后站稳冀东油田市场奠定了良好的基础。2008 年 9 月，根据油田内外部市场变化，路桥公司制定了"站稳局内市场，抓住周边市场，拓展边远市场"的战略方针，在市场开发、扩大服务范围上狠下功夫，将服务方向向钻井道路、井场转移，成立苏里格项目部进入长庆油田施工作业，提供钻前服务，当年施工收入突破千万元。2009 年加大外部市场开发和管理力度。在冀东油田市场，积极拓展服务范围，9 月奋战 15 个昼夜，优质高效地完成了 5 万平方米沥青混凝土的铺装工作，受到冀东油田和中国石油工程建设公司的好评。在曹妃甸经济论坛开幕前，用不到 50 天时间，完成了沿海公路 8 座桥梁的建设任务，受到冀东油田和唐山市重点工程建设指挥部的赞扬。仅此两项工程完成施工作业收入近千万元，在冀东油田产量和地面建设工作量减少的情

况下，保证了自身工作量不减反增。在重庆市场，员工克服持续高温、山体滑坡、泥石流等困难，于9月完成了35千米的合同工作量。在任丘市场，10月以780万元中标任丘市长安道工程。2014年取得了长庆油田的市场准入资质，成功中标长庆油田采气一厂和采气四厂道路大修维修工程，中标价770万元，迈出了进入长庆油田市场的第一步。配合任丘市"三城同创"建设，与任丘市地方政府密切协作，承揽社会施工业务，并为任丘市政建设提供弯沉实验、方案设计等技术支持。2000年至2015年，通过精心的市场培育、细致周到的服务和不断的业务拓展，路桥公司在取得更多市场份额的同时，稳固了外部市场，增强了抗风险能力，在华北油田以外的油田行业市场和社会市场收入共计3.95亿元。

（三）规范管理，确保企业有序经营

按照规模适度、组织精干、管理高效、经营良好的指导原则，路桥公司经过探索、完善、提升几个发展阶段，从负债经营起步，逐步摆脱困境，稳健有序发展，

2000年至2002年是路桥公司成立后经营向好的扭转关键期，也是各项管理制度、机构运行的探索阶段。从自身的实际出发建立小而全的传统管理体制，对机械设备以及财会、合同、用工、物资采购、工程技术等人员和业务，实行按系统归口管理，初步改变了资源浪费、各自为政的局面。施工中全面推行国际通行的"项目法"施工管理模式和ISO 9001质量管理体系，初步实现了传统管理与现代管理的接轨，并取得了良好的效果。三年间承建的北站路改扩建工程、会战道改扩建工程、二连油田锡—阿公路大修段工程、内蒙古阿—霍公路07标段新建工程、吉林松源环城路工程等5项标志性工程，工程质量合格率均达到100%，并获得"全国行业质量示范企业证书""全国质量、服务示范企业证书""ISO 9001质量管理保证体系证书""会战道改扩建工程优良证书""阿—霍路工程优良证书"等一批荣誉称号。

2003年至2010年是路桥公司经营状态较为稳定，各项管理不断完善的阶段。按照"更新管理观念，转变管理方式，强化基础管理，完善管理办法，推进管理创新"的管理理念，在控制工程成本、严格材料管理、降低

管理费用、强化施工作业管理上下功夫。2008年面对华北油田重组整合的新形势和几年外闯市场的经验和教训，路桥公司及时调整工作思路，认真做好"三个服务"，即为油田勘探开发服务、为油气生产服务、为矿区建设服务。深入开展"达三标、保双无、争双优"活动，提高标准、丰富内涵、强化措施，提高队伍素质，规范员工岗位，促进管理工作向深层次、多领域、高水平迈进。对管理费用实行切块包干，控制计划外支出和非生产性支出。继续推行"项目法施工"管理模式，明确项目经理的责、权、利关系，充分发挥项目经理在一线施工作业管理中的核心作用。按照ISO 9001质量管理体系要求运行，杜绝随心所欲、违章蛮干和凭经验施工的现象。对设备和大宗物资采购，一律实行招标采购，努力降低采购费用。结合路桥公司施工性质实行"一包两定"管理制度进行车辆管理。路桥公司将管理的重点放在加强施工现场管理上，从机关到基层到现场，按照安全、质量、效益的标准要求，进行标准化管理。开工前由技术、生产、安全部门组织项目部人员进行技术交底。

2013年开展对标分析，确立了13项管理提升内容，制定了工作推进表，推动管理升级。《路桥施工质量管理程序与方法》文章入选《华北油田公司精细管理方法集》。"石油路桥企业提升运营能力的创新与实践"项目获省级企业管理现代化创新成果一等奖。围绕经营目标先后开展"创先争优百日劳动竞赛""百日交通安全劳动竞赛""六比一创，建功'十二五'劳动竞赛"等活动和"五型四满意"机关创建活动，促进了员工队伍建设和工程高效运行。强化生产管理，细化施工组织，加强生产协调，生产效率进一步提高。以保障华北油田油气生产为首要任务，进一步加强队伍、设备、生产协调管理，主动抢抓生产进度，严格控制施工质量，较好完成了各项施工任务。以"抓管理、强基础、促效益"为抓手，全面推进精细化管理，努力向管理要效益。编制完善了路桥公司"十二五"发展规划，先后修订完善《河北华北石油路桥工程有限公司经营管理办法》《河北华北石油路桥工程有限公司工程分包管理规定》《河北华北石油路桥工程有限公司内部分配管理办法》《河北华北石油路桥工程有限公司经营绩效考核管理办法》《路桥工程公司取得国家相应资格证书人员管理办法》等59项管理办法，修订全面风险体系手册等一系列规章制度。健全资金预算和成本控制体系，加强工程项目的计划管理。建立健全全员绩效考核体系，季度考核与员工的绩效工资挂钩。进一步强化物资计划管理，严格审批环节，量入为出，以收定支，限额领料。加强对重大合同、事后合同、合同履行情况的专项审核。推进信息化管理，ERP 系统、E6 系统、OA 系统运行顺畅。

（四）创新驱动，提升企业核心竞争力

路桥公司改制初期主营业务是油田道路施工，服务领域技术含量低，市场竞争激烈，企业经营困难，通过 16 年的发展，利用华北油田和自身的优势，不断拓宽经营业务范围，升级资质等级，应用新设备、新工艺、新技术，使路桥公司竞争实力不断增强，抗风险能力不断提高。2011 年至 2015 年是路桥公司经营管理水平不断提升、业务范围不断拓宽、业务总量不断增加的阶段。2012 年提出路桥公司经营发展的指导原则和方针，指导原则：规模适度、组织精干、管理高效、经营良好；方针：将路桥公司建设成为集道路市政工程咨询与设计，建筑工程材料试验与检验，道桥、市政、设备管道安装及防腐保温等工程施工为一体的综合性工程技术服务企业。

2005 年对路桥公司二级资质营业范围增项了市政三级资质和乙类甲级道路养护资质。2010 年依托华北石油港华勘查规划设计有限公司，组建路桥设计所，取得了设计资质证书，开始发展路桥、市政工程设计咨询业务。2012 年 4 月，路桥公司经营范围扩大，获得化工石油设备管道安装工程专业承包三级资质、机电设备安装专业承包三级资质、防腐保温工程专业承包三级资质。2013 年路桥公司市政工程总承包、化工石油设备管道安装、机电设备安装和防腐保温工程施工资质全部升为二级资质。利用新取得的资质，首次承揽了华北油田分公司二连分公司环境治理项目：三个垃圾处理厂、一个污水处理厂和一条河道改造项目。

2010 年研究并推广"彩色沥青路面"技术，在路桥公司院内和二连阿尔联合站进行了应用，取得了较好的社会效益，开创了先进技术引导的先河。2013 年按照"资质优先、技术先导、管理提升"的发展思路，构建了科技发展总体框架，坚持新工艺、新技术、新材料研发和应用并重。彩色沥青混凝土路面技术经过近三年的研究，取得了大量的实验数据，符合路用指标要求，在北站路西段改扩建工程中得到了应用；半刚性抗车辙路面技术为提高交通路口、公交专用线以及特殊要求道路的抗车辙性能而研发，在北站中路与会战道交会路口进行了摊铺；冷拌沥青混凝土技术是为远离基地的沥青道路维修保养而开发，能够节约能源、提高质量，成功应用在部分矿区道路维修工程中。为改变路桥公司"重路轻桥"的现状，路桥公司积极承担各类桥梁建设，使桥梁施工成为路桥公司常规业务的重要组成部分。"冷拌沥青混凝土技术研究与应用"2014 年获得华北油田分公司科研立项，并顺利通过华北油田分公司验收。改性乳化沥青稀浆封层和粘层油、透层油的研究成果，成功运用到潜山道改扩建工程和会战道南延项目。彩色沥青混凝土路面技术、半刚性抗车辙路面技术以及冷拌沥青混凝土施工工艺等一批新技术在创业家园 C、D 区道路得到推广应用。"提高沥青砼路面施工平整度"QC 项目荣获 2010 年度华北油田分公司质量管理小组成果二等奖。"提高沥青混凝土搅拌质量"QC 项目获得 2011 年度华北油田分公司质量管理小组成果三等奖。"提高沥青混凝土低温施工质量"QC 项目荣获 2012 年度华北油田分公司质量管理小组成果三等奖。"提高雨水井周围沥青混凝土平整度"和"提高沥青混凝土强度降低沥青消耗"2 个 QC 项目获得 2013 年度华北油田分公司质量管理小组成果三等奖。"提高桥帽梁预制搭设平台安全性""提高基层计划统计数据的质量"和"提高工程造价的精确性"3 个项目获 2014 年度华北油田分公司质量管理小组成果三等奖，"应用标准化管理方法 提升现场文明施工管理水平"获优秀奖。

为了促进施工工艺、技术的不断进步，路桥公司先后投资 9130 万元用于更新改造施工设备、实验设施和生产机具。2006 年筑路设备新度系数达到 0.60，为历年最高值。2010 年至 2012 年分别完成固定资产投资 1109.7 万元、1747 万元、1311 万元，连续三年投入超千万元，主要用于购置生产施工机具、试验检测设备和改善办公、施工、生活环境，包括冀中地区生产基地搬迁建设及内蒙古阿尔善地区生产生活基地建设，新建搅拌站生产用房 1 栋，改造办公区，合理规划生产作业区和生活服务区，完善生产基地水、电、暖、消防、通信等配套设施，员工食堂维修等。

（五）构建体系，确保安全生产

路桥公司自成立以来始终把安全生产摆在首位。通过持续的体系运行，强化管理，狠抓落实，订措施、查隐患、搞整改，未发生各类上报事故，安全生产保持良好态势。2002年被华北油田分公司评为"安全达标单位"；2009年、2013年、2015年被华北油田分公司评为"安全环保先进单位"；2010年二连项目部获得华北油田分公司"安全环保先进队站"称号。

安全责任有效落实。2003年路桥公司调整HSE委员会，修订健康、环境、安全管理规定；按照业务分工，签订安全环保承诺书，将过程指标细化、分解到各管理层；与基层岗位员工签订安全承诺书，责任书签订率达100%。路桥公司每年与各基层单位主要负责人签订"安全环保责任书"，各工程项目经理与项目部签订"工程施工HSE管理目标责任状"，逐级分解、层层落实安全环保责任制，明确责任，细化指标，考核到个人，将安全环保责任指标与干部任免和奖金直接挂钩，提高了各级领导干部的安全责任心，推动了路桥公司安全生产工作的开展；加强要害部位和挂点承包管理，路桥公司领导对各承包点到点检查率100%。

安全文化深入建设。积极宣贯安全理念、安全核心价值观、保命条款及操作规程，组织开展安全风险识别、我为安全献一计、"119"消防安全宣传日、"安全经验分享""安全在我心中"和"三项行动、三项建设"等活动，营造了浓厚的安全文化氛围。2003年参加华北油田消防运动会，取得总分第十一名和单项第二名及消防知识竞赛优胜奖的好成绩。2005年开展"安全生产基础年"活动。2006年紧紧围绕"强三基、反三违、严达标、除隐患"活动主题，开展"安全环保基础年"活动。修订和完善岗位责任制，建立健全安全生产责任制；《岗位操作规范》《设备操作规程》《HSE作业指导卡》等塑封下发共计114套，做到人手一册；按不同岗位、工序对各工种的岗位风险因素进行识别，制定相应的安全防护措施，并整理下发到每一位岗位操作人员手中，共计下发67份；开展"防工伤、保安全"活动，有23名员工参加了管理局安技处的督导考试，考试成绩全部合格。2008年落实集团公司"反违章禁令"和华北油田分公司"反违章十条规定"。组织管理人员、岗位操作人员进行了分批分层次的HSE培训，先后两次组织39名管理人员和工程技术人员参加河北省交通厅举办的"三类人员"培训考核，顺利通过考核。

体系运行更加顺畅。全面推行HSE管理体系，避免了各类环境、健康、安全事故的发生。2003 年路桥公司将 GB/T 28001—2001 职业健康安全管理体系，GB/T 24001 环境管理体系，SY/T 6276 石油天然气工业健康、安全与环境管理体系认证列入重点工作，邀请有关专家对员工进行标准的理论基础和应用的培训，于年底通过了 EMS/OSH/HSE 三位一体的环境、健康、安全认证，使路桥公司在安全管理工作上又迈上了一个新台阶。2012 年按照体系文件及标准要求，将质量、健康、安全、环境四个管理体系合并为一个体系，并通过北京中油健康安全环境认证中心的认证。2014 年制定并实施《工程分包管理办法》，对所有分包商进行 HSE 业绩考核和评价。同时，加强对分包商的施工作业安全监管和资格验证，建立了分包商安全风险抵押金制度。

安全措施制度落实到位。根据车辆分散，不易管理的工作特点，路桥公司实行车辆"一包两定"管理办法，严格执行"恶劣天气用车审批单"制度。2009 年建立并完善了 GPS 监控系统，应用 GPS 平台对所有车辆实行全程监控，对驾驶员实行远程控制。在施工方面，对筑路施工现场进行封闭式管理，配备各种安全警示标志和现场安全指挥人员。2014 年针对道路施工作业现场流动性强的特点，投入 300 余万元专项资金，购置了活动列车房作为施工现场的驻地。对围挡、安全警示灯、安全警示牌等安全基础设施按照相关标准进行了统一要求，有效促进现场文明施工措施落实到位。

三、员工管理与人才队伍建设

路桥公司自成立以来，坚持面向市场、业绩至上的用工理念和人才观念，持续推行施工队伍项目管理模式，从施工管理型的劳动力密集型企业逐渐向管理施工型的技能人才密集型企业转型，逐步建立健全考核及培训体系，逐步形成了适应路桥公司业务特点和经营模式的员工管理机制，打造了一支勇闯市场、能征善战的开拓型人才队伍。

（一）深化用工改革，保障生产需要

改制初期，改革用工制度，坚持项目经理和基层队站长负责制，员工与项目进行双向选择，对没有进入项目部的人员进行培训。实行一人多岗、一岗多责，充分调动了员工的积极性，促进了生产力的提升。2000 年至 2001 年，共有 136 名员工依法自愿与企业有偿解除劳动合同。2002 年员工总数较改制时减少 43%，所完成的施工作业量净增长 2 倍以上。其中，搅拌站 12 人一年完成过去 50 多人的工作量。为了充实技术力量和向管理施工型企业转变，2006 年以来引进高素质、高学历的大学生 28 人，补充到作业一线和技术岗位。2008 年按照"精干、高效、保证生产需要"的原则，不分前线后勤，不分机关基层，保证一线生产需要，合理调配外围项目人员，实现了人力利用最优化、公司效益最大化的目标。

（二）实行动态管理，完善激励机制

以市场业务需求为导向，以管理转型为抓手，采取单位提供平台、个人自愿流动的人才管理机制，使人才队伍知识结构不断完善、创新能力逐步增强、综合素质不断提高。构建与市场经济相适应的人才利益机制，努力营造尊重劳动、尊重知识、尊重人才、尊重创造的企业氛围。2004 年以前行业执行项目经理负责制，之后开始推行建造师执业资格制度，路桥公司为了满足企业资质和现场施工的需求，在人才奖励方面，不断提高相应收入待遇，对通过建造师执业资格考试的人员给予重奖，2005 年有 3 人一次性通过该项考试并取得国家一级建造师执业资格。在薪酬制度上，制定向人才倾斜的激励政策，根据实际情况切实保证人才的物质生活待遇不断得到提高。对各项目部实行独立核算、自负盈亏的经济责任制，实行经营效益与项目部全体人员的收入挂钩等激励机制，把经济责任与经营压力层层传导给项目经理和全体员工。2011 年全员绩效考核体系建设初见成效，完善了办法，细化了指标，每季度进行考核，季度考核与员工的绩效工资挂钩。加强人才队伍建设，建立并实施"素质高低使用不一样、管理好坏待遇不一样、技能强弱岗位不一样、贡献大小薪酬不一样"的人才激励政策。

（三）强化培训培养，提升队伍素质

重视员工专业知识学习和更新，利用冬季生产任务少、人员集中的特点，对员工进行形势任务、职业道德和业务、技能培训，为员工参加院校学历教育和资格考核创造条件。通过多种培训手段，调动员工学习积极性；通过收入、晋升激励手段，调动员工考取各类企业所需资格证书。2014 年为

增加人才储备，加强员工分类管理，不断优化三支人才队伍，重点培养懂技术懂管理会算账的复合型管理人才，尤其是项目负责人既会算收入账，又会算成本账；着力培养懂技术会应用善创新的技术人才；有方向地培训会操作懂原理能维护的专业技术能手。发挥基层自我培训作用，完善分层次、分专业、分岗位的培训模式，开展经验交流、导师带徒、实训等活动，逐步完成老中青三代的人才梯队建设。多年来，举办、参加各类培训班533期，培训人员达3412人次，其中送外培训903人次。多层次的人才储备，为路桥公司转型发展、稳健发展提供了人才保障。

历经改制的阵痛和多年的市场磨炼，员工队伍的整体素质有了明显的提高。一是观念发生了显著变化，计划经济时代的陈旧观念逐年淡化，市场、竞争、服务、诚信等与时俱进的新观念，在员工队伍中扎根。二是艰苦奋斗、吃苦耐劳的优良传统在新的历史时期得到了保持和发扬。不管施工作业条件好坏，不计工作时间长短，不畏困难，争做贡献，以苦为荣，成为全体员工的自觉行动。三是提高了企业整体的综合能力，包括市场开发能力、施工组织能力、独立作战能力、内外协调能力、与业主共事能力以及市场应变能力等。四是团队意识已经形成。"公司兴盛我荣耀，公司发展我尽责"已经成为广大员工的共识。无论是在冀中地区还是其他地区，广大员工都自觉为路桥公司争光，以不懈的努力和扎实的工作为路桥公司赢得了良好的口碑。2015年年底，路桥公司在册员工总数175人，其中男员工141人，女员工34人；大学本科及以上学历81人，大专学历39人；平均年龄42.9岁；其中管理人员47人，专业技术人员57人，操作技能人员71人；98人拥有专业技术职称，占员工总数的56%，其中具备中高级技术职称的63人；技师8人，高级工58人，中级工4人。取得各类执业资格证书共计32个，其中：一级建造师17个、二级建造师3个，造价工程师1个，公路水运工程试验检测师8个，安全工程师2个，企业法律顾问1个。

四、党的建设与思想政治工作

路桥公司面对深刻变化的内外部环境和艰巨繁重的改革发展任务，各级党组织坚定不移地贯彻落实中央和华北油田分公司党委各项工作部署，充分发挥政治核心作用，不断加强自身建设，团结带领党员干部和员工，以生产经营为中心，全面履行职责，在推动路桥公司改革、发展、稳定的历史进程中，展现出强大的凝聚力、战斗力和创造力。企业发展活力不断增强，经营收入保持增长，管理水平逐步提高，精神文明建设成果丰硕，文化软实力有效提升，队伍素质持续提高，员工工作和生活条件得到明显改善，和谐稳定局面得以巩固和发展。

（一）围绕企业经营管理，扎实开展党建工作

路桥公司自成立以来始终坚持以党建为抓手，务求实效、认真扎实地开展各项活动。2003 年 11 月，路桥公司党总支召开第二次党员大会，党总支书记张会成作《以"三个代表"重要思想为指导 为实现企业跨越式发展而努力奋斗》的报告，大会选举产生了新一届党总支委员会。路桥公司党总支积极开展创先争优、党员责任区、民主评议党员和创建党员先锋岗活动，促进了基层党组织建设，涌现出局级优秀党员 1 名，华北油田分公司级优秀党员 10 名、优秀党支部 1 个，从生产一线和知识分子中培养和发展党员 2 名。在员工中广泛开展"为路桥公司建设献计献策"活动，从政治思想、机构编制、生产组织、经营管理、市场开发、人事管理等方面共收集合理化建议 57 条，显示了广大员工热爱企业、关心企业的主人翁精神。

在 2003 年二季度"非典"疫情防治时期，路桥公司党总支紧紧依靠广大员工，采取全员行动、群防群治、责任到人的运行机制，为各工地及员工家庭及时配发了消毒液和口罩等物品，对各办公场所和施工工地进行每日消毒，对 26 户外归人员实行为期两周的居家隔离，24 小时进行监控。路桥公司全体员工能以大局为重，积极行动、服从组织、认真负责，取得了防治"非典"战役的全面胜利。

2005 年开展保持共产党员先进性教育，党员队伍素质有了明显提高，先锋模范作用得到进一步发挥；解决了群众反映的热点难点问题，拉近了干群、党群关系。加强基层党组织建设，积极开展创先争优、党员责任区和创建党员先锋岗活动，涌现出局级先进党支部 1 个、华北油田分公司级优秀共产党员 10 名，促进了基层党组织建设。2006 年 11 月路桥公司党总支召开第三次党员大会，党总支书记张会成作《务实创新 锐意进取 打造具有一流竞争实力的现代工程施工企业》的报告，大会选举产生了新一届党总支委员会。2007年按照《基层党支部建设工作标准》，认真开展了"创先争优"和"党员先锋工程"活动。2008年深化"四好"领导班子创建工作，在两级领导班子中开展"牢记两个务必，加强作风建设"专题活动，开展解放思想大讨论活动，牢固树立科学发展观。

2011年大力开展"忠诚事业、承担责任、艰苦奋斗、清廉奉献"等主题教育活动，弘扬大庆精神铁人精神、二连油田艰苦奋斗精神、华北油田会战精神，不断提高员工的思想政治素质，培育乐观向上、顽强拼搏、无私奉献的优良作风。2012年路桥公司党总支召开换届选举党员大会，党总支书记梁福来作《发挥优势 凝心聚力 奋力推进路桥工程公司持续有效稳健和谐发展》的报告，大会选举产生了新一届党总支委员会。路桥公司党总支进一步规范领导班子的议事规则和议事程序，对"三重一大"决策提出了明确要求。以"找差距、转方式、抢机遇、上水平"为主题的解放思想大讨论活动为突破口，共梳理出6个方面30个问题，对其中的12个问题立项整改，为推进"规模适度、组织精干、管理高效、经营良好"综合性工程技术服务公司建设提供坚实的思想保障。2013年党的群众路线教育实践活动，在充分听取意见建议的基础上，认真查摆"四风"问题，对员工群众普遍关心的热点难点问题，深刻剖析折射出来的工作作风问题及思想根源，针对问题进行整改，建立长效机制。认真开展以"五对照、五严格"为主要内容的正风肃纪专项行动；以加强干部队伍作风建设主题教育活动为主线，认真落实党风廉政责任制。全面推行领导干部坚持党风廉政建设责任制"三联单"检查制度，实行重点工作预警制度。2015年开展的"重塑中国石油良好形象"大讨论活动、"三严三实"专题教育和党风廉政建设"两个责任"的落实，取得了阶段性成效。开展"忠诚事业、承担责任、艰苦奋斗、清廉奉献"机关作风建设主题活动，机关工作作风和服务水平进一步提高。

（二）推进企业文化建设，培育团队精神

路桥公司作为华北油田分公司的辅助生产单位，力求打造一支"招之即来、来之能战、战之能胜"的团队。2003年建立了"职工之家"，组织开展各种文体活动，丰富了员工文化生活。公司对办公楼进行了部分装修，改造

了水、电、信和采暖设施，为工程技术人员和中层干部更换了办公桌椅，为各单位和部门配备了现代化办公设备，初步改善办公条件。2005年为机关各办公室安装空调38台，为各单位和部门配备现代化的办公设备，改善机关办公环境；新建自行车停放棚和大型机具停车棚，使员工的生产生活环境得到进一步改善。2007年对56名从事有毒有害职业特殊作业人员进行了专门的职业健康体检。关心单身员工生活，对办公楼四楼单身宿舍进行部分装修，每个房间配备空调、电视，设置了厨房、餐厅并聘请了炊事员，解决了多年来单身员工下班后的食宿问题。为改善员工生产和生活条件，路桥公司投资近200万元，为冀东项目部修建了一个较高标准的生活基地，对搅拌站员工休息室进行了装修。

2008年开展创建"五型"班组活动和创建"工人先锋岗"竞赛活动，细化了24条创建标准，建立了"组织实施、总结评价、考核评比"全过程管理机制，按照"试点、总结、推广、提高"的工作思路和方法，推出了典型示范岗2个、先进班组4个、青年先锋5个。2011年深入开展"强三基"和"五型"班组创建活动，提高基层管理和基础工作水平；开展"创先争优百日劳动竞赛""百日交通安全劳动竞赛"和"五型四满意"机关创建等活动，促进了队伍建设和工程高效运行。全年投入维修资金941万元，用于生产厂区污水治理、道路修缮、围墙修复、员工活动中心改造、院内场地硬化及绿化等。2012年开展了具有路桥公司特色的"六比一创，建功十二五"劳动竞赛活动，对涌现出的60名优胜个人予以表彰。常态化、规范化的劳动竞赛活动，贯穿路桥公司生产经营全过程，基本形成了工会搭台、行政组织、党政工齐抓共管的生动局面，在生产经营活动中有突出贡献的员工能够获得物质奖励和精神奖励。

（三）发挥工会、共青团纽带作用，凝聚员工队伍

坚持以工会活动为载体，提升员工的凝聚力；以共青团活动为载体，不断为企业培养有素质、有能力、有技术的青年人才。2001年在路桥公司经营较为困难的时期，路桥公司工会开始组织全体员工每年进行健康体检，建立员工个人健康档案，体检率100%。2003年发挥工会、共青团组织的桥梁作用，开展形式多样的活动，为1名困难员工捐款3795元，探望有病员

工46人。2005年组织开展"送温暖"活动，为4名困难员工发放困难补助；看望慰问员工20人次；开展"送凉爽到工地"活动，给施工一线送去绿豆、白糖和避暑药品等；对节假日期间坚持在一线施工的员工进行慰问；为印度洋地震海啸灾区捐款3130元；筹备资金30余万元组织员工去厦门、海南、昆明进行疗养；安排71名符合条件的有偿解除劳动关系人员再就业；为55名符合条件的退岗劳动家属发放生活补贴。

2011年路桥公司自行投资建立员工活动中心，总建筑面积900余平方米，为员工业余休闲提供了良好场所。开展"创建学习型组织，争做知识型员工""千万图书送基层，百万员工品书香"活动，集中组织读书知识竞赛、读书成果分享会，为基层工会和干部员工配发文学、养生、历史等方面的书籍共计800余册，建成一批管理规范、内容丰富、特色鲜明、深受广大员工欢迎的"员工书屋"，激发了员工获取知识、增长才能的积极性。坚持每年举办羽毛球、乒乓球、毽球比赛及趣味运动会等各类员工喜闻乐见的文化体育活动，积极参加华北油田分公司及片区组织举办的群众文化表演、合唱、朗诵和体育比赛等。2013年路桥公司获得河北省"安康杯"竞赛优胜单位称号。路桥公司团委2013年获得华北油田分公司"五四红旗团委"称号、"青年成才助推工程"先进单位，2014年获得华北油田分公司"五四红旗团委"称号。改制以来路桥公司工会引导广大员工围绕路桥公司发展积极建言献策，共征集提案258项，对其中37项予以立案，明确要求责任部门抓好提案落实，立案提案落实率达100%，有效推动了路桥公司各项工作的顺利开展和质量提升。

第一章 领导机构

2000年1月27日，为改善资本结构，推动企业开拓局外市场，公用事业管理处决定，对筑路工程公司进行股份制改造，在筑路工程公司的基础上组建河北华北石油路桥工程有限公司。

4月，河北华北石油路桥工程有限公司召开第一次股东会，对公司筹建情况进行通报，审议通过公司章程，选举产生了第一届董事会、监事会。董事会由孙富明、张建庚、崔保生、何椿年、黎世清、张会成、刘新民等7人组成，孙富明为董事长。监事会由闫德山、李天华、赵继宗等3人组成，闫德山为监事会主席。经华北石油管理局公用事业管理处党总支委员会研究同意，成立路桥公司党总支委员会，由李天华、史秀华、解孟江、陈进山、杨明忠等5人组成，李天华任书记，史秀华任副书记。

同月，路桥公司董事会决定，聘任黎世清为总经理，张会成为副总经理，王福盛为副总经理，张国权为副总经理、总工程师，路野为总会计师。

6月，河北华北石油路桥工程有限公司注册为管理局所属子公司，按照副处级单位管理。法定代表人为孙富明。同月，河北华北石油路桥工程有限公司工会成立，李天华任工会主席。

7月，经路桥公司总经理提名，董事会审议，聘任范跃宣为路桥公司副总经济师。

9月，杨明忠与公司有偿解除劳动合同。

2001年2月，路桥公司调整领导班子成员分工。

总经理黎世清负责公司全面工作，联系公司综合办公室。副总经理张会成协助总经理分管公司日常生产组织工作，联系公司工程项目管理部、吉林项目部和搅拌站。副总经理王福盛协助总经理分管公司设备、安全工作，联系机动安全部、机械设备队、内蒙古地区各项目组。副总经理、总工程师张国权协助总经理分管公司市场开发、工程技术和人事劳资工作，联系经营开发部(市场开发)、技术质量部和人事劳资部。总会计师路野协助总经理分管公司财务、经营管理工作，联系财务部、经营开发部（经营管理）。党总支书记李天华协助总经理分管公司党群工作，兼任内蒙古101线07合同段项目部经理。

2001年12月，免去张国权的副总经理、总工程师职务，办理退休。

2002年3月，杨建功任副总工程师，范跃宣任副总经济师。

2003年1月，经管理局党政领导联席会研究决定，建议聘任张会成为河北华北石油路桥工程有限公司总经理，免去黎世清的河北华北石油路桥工程有限公司总经理职务。

同月，管理局党委决定，张会成任河北华北石油路桥工程有限公司党总支委员、书记。

2月，河北华北石油路桥工程有限公司召开第二届一次股东会议，会议决定，原董事会成员不变，选举闫德山、陈进山、牟常东为监事。同月，召开第二届一次董事会会议，聘任张会成为总经理。

3月，王福盛任副总经理、安全总监，李天华任副总经理，孙荣跃任副总经理，杨建功任总工程师。

同月，局党委组织部部务会决定路桥公司党总支委员会隶属华北石油管理局党委领导。路桥公司党总支委员会由5人组成：书记张会成、副书记李天华、委员王福盛、委员孙荣跃、委员杨建功。

2005年3月，河北华北石油路桥工程有限公司召开第二届三次股东会议。会议决定，郭杰任路桥公司董事，免去陈进山、牟常东的监事职务，增选李天华、王增利为监事。

同月，路桥公司调整领导班子成员分工。

总经理、书记张会成负责公司党务和行政全面工作，主管外部市场。副总经理、安全总监王福盛主管生产协调、机动设备安全管理、物资供应工作，兼任渤海路中段改扩建工程项目经理，主管生产协调部、安全管理科、供应站、渤海路项目部。副总经理、副书记李天华主管党政工团日常工作及稳定、法律事务，人力资源配置，综合办公室日常工作及冀中项目部的工作协调；主管综合办公室、人事劳资部、冀中项目部。副总经理孙荣跃主管经营管理、市场开发、财务管理工作及二连项目部的协调工作，主管经营开发部、财务部、二连项目部。总工程师杨建功负责公司技术质量全面工作，主管质量体系、HSE管理体系的运行和审核，新技术培训和推广应用及搅拌站的工作协调；主管技术质量部、搅拌站。另外，副总经济师范跃宣配合孙荣跃负责经营开发工作。

2006年3月，顾本任副总经理兼安全总监，免去王福盛的副总经理、安全总监职务，办理退休。

2006年11月，华北石油管理局党委批复同意路桥公司第三届党总支委员会由孙荣跃、张会成、李天华、杨建功、顾本等5人组成。张会成任党总支书记，李天华任党总支副书记。

2007年3月，路桥公司调整领导班子成员分工。

总经理、书记张会成负责公司党务和行政全面工作，负责外部市场开发工作。副总经理、副书记、安全总监李天华主管党政工团及稳定事务、人力资源配置、安全管理、设备管理、物资供应和冀中地区项目的生产协调，联系部门：综合办公室、生产机动安全部、人事劳资部、冀中项目部、供应站。副总经理孙荣跃主管经营管理、财务管理、二连项目部、冀东项目部的工作协调，联系部门：经营开发部、财务部、二连项目部、冀东项目部。副总经理顾本负责重庆项目部全面工作。总工程师杨建功负责公司质量体系、HSE管理体系的运行和审核，新技术培训和推广应用及搅拌站的工作协调，联系部门：技术质量部、搅拌站。另外，副总经济师范跃宣配合孙荣跃负责经营管理工作，副总工程师尹秀奇配合杨建功负责公司技术质量工作。

2008年2月，路桥公司归油田公司管理后，领导班子成员为：总经理张会成、副总经理李天华、副总经理孙荣跃、副总经理兼安全总监顾本、总工程师杨建功、副总经济师范跃宣。

2008年2月，路桥公司调整领导班子成员分工。

总经理、书记张会成负责公司党务和行政全面工作，负责外部市场开发工作。副总经理、副书记李天华协助总经理、书记主管党政工团及稳定事务、人力资源配置等，兼任重庆项目部经理；联系部门：综合办公室、人事劳资部、重庆项目部。副总经理孙荣跃协助总经理主管经营管理、财务管理、物资管理及二连项目部、冀东项目部的工作协调，联系部门：经营开发部、财务部、二连项目部、冀东项目部、供应站。副总经理、安全总监顾本协助总经理主管安全生产和设备管理及冀中地区项目的生产协调，联系部门：生产机动安全部、冀中项目部。总工程师杨建功协助总经理主管公司质量体系、HSE 管理体系的运行和审核，新技术培训和推广应用及搅拌站的工作协调，联系部门：技术质量部、搅拌站。另外，副总经济师范跃宣配合孙荣跃负责经营管理工作。

2008 年 2 月，免去裴文通的安全副总监职务。

2008 年 9 月，路桥公司召开股东会，免去崔保生的董事职务，选举师洪发为路桥公司董事。

12 月，免去范跃宣的路桥公司副总经济师职务。

2009 年 5 月，管理局决定，张会成任河北华北石油路桥工程有限公司执行董事兼总经理、法定代表人。

6 月，华北石油管理局委派宋久文为河北华北石油路桥工程有限公司监事。

2010 年 9 月，金发琮任总经理、党总支书记；张会成退出领导岗位，免去其总经理职务；顾本任常务副总经理，免去其副总经理职务。

随后，调整领导班子分工：

总经理、书记金发琮负责公司党务和行政全面工作；常务副总经理顾本协助总经理负责公司行政工作，分管安全生产和设备管理及冀中地区项目的生产协调，联系部门：生产机动安全部、冀中项目部；副总经理、副书记李天华协助总经理、书记分管党政工团、稳定事务及人力资源等工作，联系部门：综合办公室、人事劳资部；副总经理孙荣跃协助总经理分管经营管理、财务管理、物资管理及二连项目部、苏里格项目部的工作协调，联系部门：经营开发部、财务部、二连项目部、苏里格项目部、供应站；总工程师杨建功协助总经理分管公司质量体系、HSE 管理体系的运行和审核，新技术培训和推广应用，冀东项目部及搅拌站的工作协调，联系部门：技术质量部、冀东项目部、搅拌站。

2011 年 1 月 17 日，路桥公司调整领导班子成员分工。

总经理、书记金发琮负责公司党务和行政全面工作，主管部门：综合办公室，联系单位：第三工程处。常务副总经理顾本协助总经理负责公司行政工作，分管安全、生产和设备管理等工作，主管部门：生产机动安全科，联系单位：第一工程处。副总经理、副书记李天华协助总经理、书记分管党政工团、稳定事务及人力资源、矿区建设等工作，主管部门：综合办公室、人事科，联系单位：第二工程处。副总经理孙荣跃协助总经理分管经营管理、财务管理及物资管理等工作，主管部门：计划经营科、财务科，联系单位：供应站。总工程师杨建功协助总经理分管公司质量体系、HSE 管理体系的运行和审核及新技术培训和推广应用，主管部门：生产机动安全科，联系单位：工程技术服务处。

2011 年 3 月，管理局决定，金发琼任河北华北石油路桥工程有限公司执行董事，免去张会成的河北华北石油路桥工程有限公司执行董事职务。

2012 年 2 月，路桥公司调整领导班子成员分工。

总经理、书记金发琼负责公司行政和党务全面工作，主管部门：综合办公室。常务副总经理顾本协助总经理分管公司 HSE 管理体系运行、安全、设备、能源、外部市场管理等工作，负责协调冀中地区以外的生产管理工作，主管部门：生产机动安全科，联系单位：第二工程处、第三工程处。副总经理、副书记李天华协助总经理、书记分管党政工团、稳定、人力资源、劳动工资、基建工程和法律事务等工作，主管部门：综合办公室、人事科。副总经理孙荣跃协助总经理分管经营管理、财务管理、物资管理、风险管理体系运行及政策研究等工作，协调冀中地区生产管理工作，主管部门：计划经营科、财务科，联系单位：第一工程处、供应站。总工程师杨建功协助总经理分管公司技术质量、质量管理体系运行，新技术的研发、推广与应用等工作，主管部门：生产机动安全科，联系单位：工程技术服务处（路桥设计所）。

2012 年 6 月，梁福来担任党总支书记、副总经理；金发琼担任党总支副书记，免去其党总支书记职务。

随后，调整领导班子分工。

总经理、党总支副书记金发琼负责公司行政全面工作，主管部门：综合办公室。党总支书记、副总经理梁福来负责公司党务、组织干部、纪检监察、工会、维稳、共青团等全面工作，主管部门：综合办公室。常务副总经理顾本协助总经理分管公司 HSE 管理体系运行、安全、设备、能源、外部市场管理等工作，负责协调冀中地区以外的生产管理工作，主管部门：生产机动安全科，联系单位：第二工程处、第三工程处。副总经理、副书记李天华协助总经理、书记分管党政工团、稳定、人力资源、劳动工资、基建工程和法律事务等工作，主管部门：综合办公室、人事科。副总经理孙荣跃协助总经理分管经营管理、财务管理、物资管理、风险管理体系运行及政策研究等工作，协调冀中地区生产管理工作，主管部门：计划经营科、财务科，联系单位：第一工程处、供应站。总工程师杨建功协助总经理分管公司技术质量、质量管理体系运行，新技术的研发、推广与应用等工作，主管部门：生产机动安全科，联系单位：工程技术服务处（路桥设计所）。

2014 年 1 月，石伟任副总经理、总会计师、党总支委员；杨国胜任副总经理、安全总监、党总支委员；免去顾本的常务副总经理、安全总监、党总支委员职务；免去李天华的副总经理、党总支副书记、党总支委员、工会主席职务；免去孙荣跃的副总经理、党总支委员职务。

2014 年 1 月，路桥公司调整领导班子成员分工。

总经理、党总支副书记金发琮负责公司行政全面工作，负责组织干部、人力资源、劳动工资工作，主管综合办公室、人事科，联系单位：第一工程处。党总支书记、副总经理梁福来负责公司党务、纪检监察、工会、维稳、共青团等全面工作，主管部门：综合办公室，联系单位：第二工程处。副总经理、总会计师石伟协助总经理分管经营管理、财务管理、风险管理体系运行及政策研究、法律事务等工作，主管部门：计划经营科、财务科，联系单位：第三工程处。副总经理、安全总监杨国胜协助总经理分管公司生产管理、HSE 管理体系运行、物资供应、安全、设备、能源、外部市场管理等工作，主管部门：生产机动安全科，联系单位：供应站。总工程师杨建功协助总经理分管公司技术质量、质量管理体系运行，新技术的研发、推广与应用，基建工程等工作，主管部门：生产机动安全科，联系单位：工程技术服务处（路桥设计所）。

2014 年 6 月，河北华北石油路桥工程有限公司召开第二届工会委员会第二次全体会议，会议选举梁福来为工会主席。

11 月，梁福来任总经理，免去其党总支书记职务，改任党总支副书记；于波涛任副总经理、党总支委员、党总支书记；免去金发琮的总经理、党总支副书记、党总支委员职务。

12 月，管理局决定，梁福来任河北华北石油路桥工程有限公司执行董事；免去金发琮的河北华北石油路桥工程有限公司执行董事职务。

12 月，路桥公司调整领导班子成员分工。

总经理、党总支副书记梁福来负责公司行政全面工作，负责组织干部、人力资源、劳动工资工作；分管综合办公室、人事科、第一工程处。副总经理、党总支书记于波涛负责公司党务、纪检监察、工会、维稳、共青团等全面工作，分管综合办公室、第二工程处。副总经理、总会计师石伟协助总经理分管经营管理、财务管理、风险管理体系运行及政策研究、法律事务等工作，分管计划经营科、财务科、第三工程处。副总经理、安全总监杨国胜协助总经理分管公司生产管理、HSE管理体系运行、物资供应、安全、设备、能源、外部市场管理等工作，分管生产机动安全科、供应站。总工程师杨建功协助总经理分管公司质量管理体系运行，新技术的研发、推广与应用，基建工程等工作；分管生产机动安全科、工程技术服务处（路桥设计所）。

2015年1月，路桥公司调整领导班子成员分工。

总经理、党总支副书记梁福来负责公司行政全面工作，负责组织干部、人力资源、劳动工资工作；分管综合办公室、人事科、第一工程处。副总经理、党总支书记于波涛负责公司党务、组织干部、纪检监察、工会、维稳、共青团等全面工作，分管综合办公室、第二工程处。副总经理、总会计师石伟协助总经理分管经营管理、财务管理、风险管理体系运行及政策研究、法律事务等工作，分管计划经营科、财务科、搅拌站。副总经理、安全总监杨国胜协助总经理分管公司生产管理、HSE管理体系运行、物资供应、安全、设备、能源、外部市场管理等工作，分管生产机动安全科、供应站。总工程师杨建功协助总经理分管公司质量管理体系运行，新技术的研发、推广与应用，基建工程等工作，分管生产机动安全科、工程技术服务处（路桥设计所）。

2015年3月，河北华北石油路桥工程有限公司召开第二届工会委员会第三次全体会议，会议选举于波涛为工会主席，王伟为工会副主席。

12月，师洪发任河北华北石油路桥工程有限公司执行董事、总经理、党总支委员、党总支副书记；免去梁福来的河北华北石油路桥工程有限公司执行董事、总经理、党总支副书记职务。

截至2015年12月，路桥公司领导班子成员为：总经理、党支部副书记师洪发，副总经理、党支部书记于波涛，副总经理、总会计师石伟，副总经理兼安全总监杨国胜，总工程师杨建功。

一、路桥公司董事会及执行董事名录（2000.4—2015.12）

董　事　长　孙富明（2000.4—2009.6）

董　　　事　张建庚（2000.4—2005.3）

何椿年（2004.4—2009.7）

崔保生（2000.4—2008.9）

黎世清（2000.4—2005.3）

张会成（2000.4—2009.7）

刘新民（2000.4—2009.6）

郭　杰（2005.3—2009.7）

师洪发（2008.9—2009.7）

执 行 董 事　张会成（2009.5—2011.3）

金发琮（2011.3—2014.12）

梁福来（2014.12—2015.12）

师洪发（2015.12）

二、路桥公司监事会名录（2000.4—2015.12）

主　　　席　闫德山（2000.4—2009.6）

监　　　事　赵继宗（2000.4—9）

李天华（2000.4—2003.2；2005.3—2009.6）

牟常东（2003.2—2005.3）

王增利（2005.3—2009.6）

宋久文（2009.6—2015.12）

陈进山（职工代表监事，2001.2—2005.3；

2009.6—2015.12）

三、路桥公司行政领导名录（2000.4—2015.12）

总　经　理　黎世清（2000.4—2003.2）

张会成（2003.2—2010.9）

金发琮（正处级，2010.9—2014.11）

梁福来（正处级，2014.11—2015.12）

　　　　　　　　师洪发（副处级，2015.12）

常务副总经理　顾　本（副处级，2010.9—2014.1）

副 总 经 理　张国权（2000.4—2001.12）

　　　　　　　　张会成（2000.4—2003.2）

　　　　　　　　王福盛（2000.4—2006.3）

　　　　　　　　李天华（2003.3—2014.1）

　　　　　　　　孙荣跃（2003.3—2014.1）

　　　　　　　　顾　本（2006.3—2010.9）

　　　　　　　　梁福来（2012.6—2014.11）

　　　　　　　　石　伟（副处级，2014.1—2015.12）

　　　　　　　　杨国胜（2014.1—2015.12）

　　　　　　　　于波涛（2014.11—2015.12）

总 会 计 师　路　野（2000.4—2003.1）①

　　　　　　　　石　伟（2014.1—2015.12）

总 工 程 师　张国权（2000.4—2001.12）

　　　　　　　　杨建功（2003.3—2015.12）

安 全 总 监　王福盛（兼任，2003.3—2006.3）

　　　　　　　　顾　本（兼任，2006.3—2014.1）

　　　　　　　　杨国胜（兼任，2014.1—2015.12）

四、路桥公司党总支领导名录（2000.4—2015.12）

书　　　记　李天华（2000.4—2003.1）

　　　　　　　　张会成（2003.1—2010.9）

　　　　　　　　金发琮（2010.9—2012.6）

　　　　　　　　梁福来（2012.6—2014.11）

　　　　　　　　于波涛（2014.11—2015.12）

副 书 记　史秀华（2000.4—2003.3）

　　　　　　　　李天华（2003.3—2014.1）

　　　　　　　　金发琮（2012.6—2014.11）

---

① 2003 年 1 月，路野调到华北销售分公司。

梁福来（2014.11—2015.12）

师洪发（2015.12）

委　　员　李天华（2000.4—2014.1）

史秀华（2000.4—2003.3）

解孟江（机动安全部主任，2000.4—2003.3）

陈进山（综合办公室主任，2000.4—2003.3）

杨明忠（2000.4—9）

张会成（2003.1—2010.9）

王福盛（2003.3—2006.3）

孙荣跃（2003.3—2014.1）

杨建功（2003.3—2015.12）

顾　本（2006.11—2014.1）

金发琮（2010.9—2014.11）

梁福来（2012.6—2015.12）

石　伟（2014.1—2015.12）

杨国胜（2014.1—2015.12）

于波涛（2014.11—2015.12）

师洪发（2015.12）

五、路桥公司工会领导名录（2000.6—2015.12）

主　　席　李天华（正科级，2000.6—2014.1）

梁福来（2014.6—2015.3）①

于波涛（2015.3—12）

副 主 席　王　伟（女，正科级，2015.3—12）

六、路桥公司副总师、安全副总监名录

副总工程师　杨建功（2002.3—2003.3）

副总经济师　范跃宣（2000.7—2009.2）

安全副总监　裴文通（2003.5—2008.2）

闫增楼（2008.2—不详）

---

① 2014年1月至6月，路桥公司工会主席空缺。

第二章 机关科室及党工组织

2000 年 7 月，路桥公司机关设部室 7 个：综合办公室、财务部、人事劳资部、经营开发部、技术质量部、生产管理部、机动安全部。

2001 年 4 月，生产管理部与原机动安全部合并，成立机动安全部；撤销生产管理部。

2003 年 3 月，路桥公司进行机构调整，成立生产协调部，机关各部室的定员进行了调整。

2004 年 4 月，路桥公司对机构进行调整，机关各部室的定员进行了调整。

2004 年 9 月，机动安全部更名为安全管理科。

2006 年 3 月，生产协调部与安全管理科合并为生产机动安全部。

截至 2008 年 2 月，路桥公司机关设科室 6 个：综合办公室、财务部、经营开发部、人事劳资部、技术质量部、生产机动安全部。

2011 年 1 月，为优化岗位设置，精简编制，便于人员设备的流动、转移和施工队伍调遣，路桥公司对组织机构进行调整：人事劳资部更名为人事科；财务部更名为财务科；经营开发部更名为计划经营科；生产机动安全部更名为生产机动安全科；撤销技术质量部。

2015 年 2 月，为进一步加强公司行政党务事务管理，理顺办公室管理职能，规范工作机制，综合办公室更名为办公室（党群工作科）。

截至 2015 年 12 月 31 日，公司机关共有 5 个科室，1 个党支部。

第一节 综合办公室—办公室（党群工作科）
（2000.7—2015.12）

2000 年 7 月，路桥公司设综合办公室，为正科级职能部门，附属班组一个：小车班。综合办公室定员 6 人，其中正、副主任各 1 人；小车班定员 5 人。

综合办公室的主要职责是：

（一）负责公司领导班子成员党务、政务活动安排和日常事务的处理；

（二）负责公司会议会务的管理和组织工作，党政综合性文件、报告、讲话的撰写；

（三）负责公司党组织建设、党员队伍的教育与管理和发展党员工作；

（四）负责公司企业文化建设、新闻宣传、共青团和青年工作；

（五）负责公司工会、稳定信访、武装保卫、综合治理、保密工作；

（六）负责办公用品、办公用房的管理和计划生育管理工作；

（七）负责各级领导班子建设及处级后备干部队伍建设以及公司科级以上领导干部业绩考核工作，协调公司机关各部门工作运行。

2003 年 3 月，路桥公司机构调整，综合办公室定员 12 人，领导职数 2 人；附属小车班 5 人。

2004 年 4 月，综合办公室定员调整为 8 人，领导职数 1 人；附属小车班 6 人。

2012 年 7 月，路桥公司为解决员工就餐问题，方便员工生活，成立员工食堂，附属综合办公室，定员 1 人，为员工食堂管理员。

2015 年 2 月，为进一步加强公司行政党务事务管理，理顺办公室管理职能，规范工作机制，综合办公室更名为办公室（党群工作科），原定员和职责不变。

截至 2015 年 12 月 31 日，办公室（党群工作科）定员 6 人，实际在岗员工 7 人，其中科级职数 2 人（含办公室主任 1 人、党群工作科科长 1 人），一般管理人员 5 人（含文字秘书 1 人，综合治理、纪检干事 1 人，文书、档案管理 1 人，事务秘书、网络管理 1 人，宣传、组织干部管理 1 人；共有党员 6 人，党组织关系隶属机关党支部。办公室（党群工作科）附属班组 1 个：小车班，在册员工 8 人。小车班共有党员 1 人，党组织关系隶属机关党支部。

一、综合办公室领导名录（2000.7—2015.2）

　　　主　　　任　　史秀华（2000.7—2001.4）[1]

　　　　　　　　　　李天华（2002.3—2003.3）

---

[1] 2001 年 4 月至 2002 年 3 月，综合办公室主任空缺。

　　　　　　陈进山（2003.3—2015.2）

　　副 主 任　周 　旭（2000.7—2003.6）

　　　　　　　王 　伟（2008.2—2015.2）

二、办公室（党群工作科）领导名录（2015.2—12）

（一）办公室（2015.2—12）

　　主　　　任　陈进山（2015.2—12）

　　副 主 任　王 　伟（2015.2—12）

（二）党群工作科（2015.2—12）

　　科　　　长　王 　伟（2015.2—12）

　　副 科 长　陈进山（2015.2—12）

第二节　财务部—财务科（2000.7—2015.12）

　　2000 年 7 月，路桥公司设财务部，为正科级职能部门。定员 4 人，其中领导职数 1 人。

　　财务部的主要职责是：

　　（一）负责财务规划及预算的编制、分解、执行，监督指标的完成情况；

　　（二）负责对生产成本、基建成本、财务核算进行管理与分析评价；

　　（三）负责年终决算、编制决算、生产费用的结算；

　　（四）负责利润、折旧款的预算；

　　（五）负责各种税费的核算、申报、缴纳；

　　（六）负责单位的成本核算、分析、考核。

　　2003 年 3 月，路桥公司机构调整，财务部定员调整为 10 人，领导职数 2 人。

　　2004 年 4 月，财务部定员调整至 11 人。

　　2011 年 1 月，财务部更名为财务科。

　　截至 2015 年 12 月 31 日，财务科定员 9 人，实际在岗员工 8 人，其中科级职数 1 人（科长 1 人），一般管理人员 7 人（含出纳 1 人，固定资产管理1人，成本会计1人，人工成本、住房公积金，会计档案管理1人，费用报销审核、工会财务核算1人，总账会计、稽核1人，税费核算、材料稽核1人）。共有党员3人，党组织关系隶属机关党支部。

一、财务部领导名录（2000.7—2011.1）

主　　任　李西桥（2003.3—2010.8）

　　　　　王家亮（交流，2010.8—2011.1）[①]

副　主　任　邵元松（2000.7—2005.4）

二、财务科领导名录（2011.1—2015.12）

科　　长　王家亮（交流，2011.1—8）[②]

　　　　　李西桥（2011.8—2015.12）

第三节　经营开发部—计划经营科
（2000.7—2015.12）

2000年7月，路桥公司设经营开发部，为正科级职能部门。定员4人，领导职数2人。

经营开发部的主要职责是：

（一）负责经营管理政策的调研、起草实施方案及工程项目的招标及市场开发工作；

（二）负责投资控制、工程预算、生产经营考核及重大工程项目合同的审核签约工作；

（三）负责合同管理及审核、企业证照的年审及法律事务咨询；

（四）负责全面企业管理及公共关系工作；

（五）负责工程项目落实、施工图纸的分发；

（六）负责投资控制，经营目标、经营措施的制定及经营结果的考核；

（七）负责综合统计及基础资料的管理；

---

① 2010年8月至2011年1月，通信公司财务部主任交流到路桥公司任财务部主任。

② 2011年1月至2011年8月，通信公司财务部主任交流到路桥公司任财务科科长。

（八）负责招投标预算的编制和审定、工程项目预算的报审结算。

2003年3月，路桥公司机构调整，经营开发部定员增加至7人，领导职数调整为3人。

调整后，经营开发部的主要职责是：

（一）负责生产、经营、投资项目计划的编制和控制；

（二）负责生产经营计划、生产经营报表的综合统计；

（三）全面负责法律事务、经济合同、市场管理、内部控制、风险管理；

（四）负责企业管理基础工作。

2011年1月经营开发部更名为计划经营科。

截至2015年12月31日，计划经营科定员4人，实际在岗员工5人，其中科级职数2人（含科长1人、副科长1人），一般管理人员3人（含合同管理、市场管理、体系管理、风险管理1人，计划统计、企业管理、外部市场管理1人，招投标管理、规划计划管理1人）。共有党员2人，党组织关系隶属机关党支部。

一、经营开发部领导名录（2000.7—2011.1）

  主 任 孙荣跃（2000.7—2002.3）

       程玉华（2002.3—2006.7）[①]

       张建新（2007.3—2011.1）

  副 主 任 闫增楼（2000.7—2001.4）

       张建新（2002.3—2007.3）

       兰 强（2003.3—2005.3）

       潘 磊（2010.6—2011.1）

二、计划经营科领导名录（2011.1—2015.12）

  科 长 张建新（2011.1—2013.9；2014.9—2015.12）

       谢智刚（交流，2013.9—2014.9）[②]

  副 科 长 潘 磊（2011.1—2015.12）

---

① 2006年7月至2007年3月，经营开发部主任空缺。

② 2013年9月至2014年9月，矿区服务事业部计财处规划统计科科长交流到路桥公司任计划经营科科长。

第四节　人事劳资部—人事科（2000.7—2015.12）

2000 年 7 月，路桥公司设人事劳资部，为正科级职能部门。定员 3 人，领导职数 1 人。

人事劳资部的主要职责是：

（一）负责人力资源配置、人才队伍建设；

（二）负责专业技术职称评聘及员工考核；

（三）负责对劳动组织、定员定额、机构编制、员工关系、员工薪酬、保险、福利等进行系统管理；

（四）负责人力资源管理系统的维护管理。

2003 年 3 月，路桥公司机构调整，人事劳资部定员调整为 2 人，领导职数 1 人。2011 年 1 月，人事劳资部更名为人事科。定员 4 人，领导职数 1 人。

截至 2015 年 12 月 31 日，人事科定员 3 人，实际在岗员工 4 人，其中科级职数 1 人（科长 1 人），一般管理人员 3 人（含劳动工资管理、企业年金管理、工伤管理、劳动工资统计管理 1 人，劳动组织、员工管理、社会统筹、技能鉴定、人事档案管理 1 人，员工培训、再就业管理、职称评聘管理 1 人）。共有党员 2 人，党组织关系隶属机关党支部。

一、人事劳资部领导名录（2000.7—2011.1）

　　主　　　任　刘志兰（2007.3—2011.1）

　　副 主 任　兰　强（2000.7—2003.3）

　　　　　　　刘志兰（2003.3—2007.3）

二、人事科领导名录（2011.1—2015.12）

　　科　　　长　刘志兰（2011.1—2012.9；2013.9—2015.12）

　　　　　　　褚延华（交流，2012.9—2013.9）①

---

①　2012 年 9 月至 2013 年 9 月，华佳综合服务处人事科科长交流到路桥公司任人事科科长。

第五节　机动安全部—安全管理科—生产机动安全部—生产机动安全科（2000.7—2015.12）

2000 年 7 月，路桥公司设机动安全部，为正科级职能部门。定员 3 人，领导职数 1 人。

机动安全部的主要职责是：

（一）负责 HSE 管理；

（二）负责公司内部办公场所土地管理；

（三）负责能源的消耗统计；

（四）负责设备的购置、使用、报废、调拨、租赁、维修保养；

（五）负责技术改造、考核与评比工作；

（六）负责组织做好特种设备的注册登记和检测管理工作。

2003 年 3 月，路桥公司机构调整，机动安全部定员调整为 3 人，领导职数 2 人。

2004 年 4 月，机动安全部领导职数调整为 1 人。

2004 年 9 月，按华北石油管理局《关于进一步完善生产安全管理机构的通知》的要求，为加强安全管理和监督职能，机动安全部更名为安全管理科，原定员不变。

2006 年 3 月，生产协调部与安全管理科合并为生产机动安全部，履行原部门各项职责。定员 6 人。

2011 年 1 月生产机动安全部更名为生产机动安全科。

截至 2015 年 12 月 31 日，生产机动安全科定员 5 人，实际在岗员工 5 人，其中科级职数 1 人（科长 1 人），一般管理人员 4 人（含 HSE 体系管理、职业健康管理、能源管理 1 人，设备管理 1 人，交通安全管理、消防安全管理、生产协调、应急管理 1 人，安全环保管理 1 人）。共有党员 2 人，党组织关系隶属机关党支部。

一、机动安全部—安全管理科—生产机动安全部领导名录（2000.7—2011.1）

主　　　　任　　解孟江（2000.7—2003.3）

裴文通（2003.3—5；兼任，2003.5—2008.2）

闫增楼（2008.2—2011.1）

副　主　任　　林晓东（2002.3—2003.3）

王学明（2002.3—2004.3）

二、生产机动安全科领导名录（2011.1—2015.12）

科　　　　长　　闫增楼（2011.1—2015.12）

第六节　生产管理部（2000.7—2001.4）

2000年7月，路桥公司设生产管理部，为正科级职能部门。定员2人，领导职数1人。

生产管理部的主要职责是：

（一）负责生产协调、施工现场管理、土地管理、协调地方关系、组织图纸会审及竣工验交工作；

（二）负责工程用料的订货及货源组织以及合同管理等工作。

2001年4月，该部门撤销，除合同管理职责划入经营开发部外，其他职责划入工程项目管理部。

主　　　　任　　司玉伯（2000.7—2001.4）

第七节　生产协调部（2003.3—2006.3）

2003年3月，为提高办事机构和工作人员的工作效率，路桥公司成立生产协调部，为正科级职能部门。定员3人，领导职数1人。

生产协调部的主要职责是：

（一）负责公司日常生产管理；

（二）负责下达有关生产指令；

（三）负责掌握生产动态；

（四）负责协调生产运行；

（五）负责协调地方关系；

（六）负责公司水电管理、冬防保温、防洪防汛等工作。

2006年3月，生产协调部与安全管理科合并为生产机动安全部，相应职责和人员划入生产机动安全部。

主　　任　司玉伯（2003.3—2006.3）

副主任　兰　强（2005.3—6）

第八节　技术质量部（2000.7—2011.1）

2000年7月，路桥公司设技术质量部，为正科级职能部门。定员2人，领导职数1人。

技术质量部的主要职责是：

（一）负责工程质量监督、技术管理、组织工程技术交底、审批开工报告技术措施、工程变更签证、评定工程质量等级；

（二）负责施工过程质量的监督、控制和管理；

（三）负责全面质量管理、ISO 9000质量认证、标准化和计量管理等工作。

2003年3月，路桥公司机构调整，技术质量部定员调整为12人，领导职数3人，附属试验室定员8人。

调整后，技术质量部的主要职责是：

（一）负责公司质量管理工作体系的建立和有效运行；

（二）负责技术管理、工程质量监管、审核施工组织设计；

（三）负责新工艺、新技术的研究、推广应用。

2004年4月，技术质量部定员调整为5人，领导职数3人。附属单位试验检测中心为中队级单位，定员8人，领导职数2人。

2011年1月，为精简机构编制，优化岗位设置，便于人员设备的流动、转移和施工队伍调遣，撤销技术质量部（含试验检测中心），成立大队级单位——工程技术服务处，其职责并入工程技术服务处。

主　　　　任　尹秀奇（2000.7—2006.3）

　　　　　　　张虹瑞（2007.3—2009.12）①

副　主　任　顾　本（2002.3—2006.3）

　　　　　　　张虹瑞（2002.3—2007.3）

　　　　　　　夏建伟（2010.6—2011.1）

第九节　机关党支部、工会（2001.4—2015.12）

2001年4月，路桥公司机关党支部成立，党组织关系隶属中共华北石油管理局河北华北石油路桥工程有限公司总支部委员会，闫增楼任党支部书记。

同月，路桥公司机关工会成立，闫增楼任工会主席。

2003年3月，陈进山任路桥公司机关党支部书记，张建新任路桥公司机关工会主席。

截至2015年12月31日，路桥公司机关党支部委员会由2人组成：陈进山、王伟，陈进山任党支部书记。共有党员24人（含机关全部科室、供应站、小车班的党员）。

一、机关党支部（2001.4—2015.12）

书　　　　记　闫增楼（2001.4—2003.3）

　　　　　　　陈进山（2003.3—2015.12）

二、机关工会（2001.4—2015.12）

主　　　　席　闫增楼（2001.4—2003.3）

　　　　　　　张建新（2003.3—2015.12）

---

① 2006年3月至2007年3月、2009年12月至2011年1月，技术质量部主任空缺。

第三章　所属单位

路桥公司成立时，所属科级单位5个：一分公司、二分公司、三分公司、四分公司、工程车队。

2001年4月，为了进一步加快构建现代企业组织体制和经营机制，不断适应市场经济的客观需要，路桥公司对现有组织机构进行调整。按照专业化管理要求，所属单位精简为3个，撤销四个分公司和工程车队，成立工程项目管理部、机械设备队、搅拌站。

2003年3月，为适应市场经济，提高办事机构和工作人员的工作效率，路桥公司对所属单位做出相应调整，撤销工程项目管理部、机械设备队，按照区域化管理要求，根据业务分布的主要地区成立四个科级单位：冀中项目部、二连项目部、新疆项目部、西藏项目部，所属单位调整为5个。

2004年4月，路桥公司撤销西藏项目部，成立机关直属单位供应站。

2006年3月，路桥公司撤销新疆项目部。

6月，路桥公司成立重庆项目部。

2007年3月，路桥公司成立冀东项目部。

截至2008年2月，路桥公司设直属单位1个：供应站；所属单位5个：冀中项目部、冀东项目部、二连项目部、重庆项目部、搅拌站。

2008年9月，路桥公司成立苏里格项目部。

2011年1月，为优化岗位设置，精简编制，便于人员设备的流动、转移和施工队伍调遣，油田公司对路桥公司组织机构进行调整：二连项目部与冀东项目部合并，成立第二工程处；冀中项目部和搅拌站合并为第一工程处；新增第三工程处、工程技术服务处。

2012年1月，河北华北石油港华勘察规划设计有限公司研究决定，成立路桥设计所。设计范围包括市政（燃气工程、轨道交通工程除外）道路工程。

2015年1月，为进一步加强搅拌业务运行管理，路桥公司设立搅拌站。按照人随资产走的原则，将搅拌业务从第一工程处分离出来，组建搅拌站。

同月，为便于生产经营管理，第二工程处与第三工程处合并为第二工程处，按照人随资产走的原则，相关人员随业务划转。

截至 2015 年 12 月 31 日，路桥公司所属单位 5 个，其中科级单位 3 个：第一工程处、第二工程处、工程技术服务处，中队级单位 2 个：供应站、搅拌站。

第一节　供应站（2004.4—2015.12）

2004 年 4 月，路桥公司成立供应站，为所属中队级单位，定员 6 人。供应站主要负责贯彻华北油田分公司下发的物资供应管理制度以及物资计划、物资采购、物资质量及仓储管理和公司下放物资的招、议标采购等工作。

截至 2015 年 12 月 31 日，供应站在册员工 6 人，其中一般管理人员 2 人（含站长 1 人、副站长 1 人），操作人员 4 人。共有党员 1 人，党组织关系隶属机关党支部。

站　　长　曹建国（2004.4—2015.12）
副 站 长　梁书芳（2010.5—2015.12）

第二节　一分公司（2000.7—2001.4）

2000 年 7 月，路桥公司设立一分公司，为大队级单位，办公地点在河北任丘，定员 114 人。机关定员 8 人，其中领导职数 4 人。下设 5 个基层单位，分别是路基工程队，定员 36 人；路面工程队，定员 35 人；机修厂，定员 20 人；试验室，定员 11 人；物资库，定员 4 人。一分公司主要负责冀中及周边地区路桥市场的开发和经营作业。

2001 年 4 月，为了进一步加快构建现代企业组织体制和经营机制，不断适应市场经济的客观需要，路桥公司对组织机构进行调整。按照专业化管理要求，撤销一分公司，其管理人员划入工程项目管理部，操作人员和设备机具划入机械设备队，路面材料搅拌业务从一分公司分离出来成立搅拌站。

一分公司 2001 年至 2002 年完成了会战道改扩建工程，并荣获"会战道改扩建工程优良证书"。

> 经　　　理　陆贵亭（2000.7—2001.4）
>
> 副 经 理　刘新民（2000.7—2001.4）
>
> 　　　　　　程玉华（2000.7—2001.4）

第三节　二分公司（2000.7—2001.4）

2000 年 7 月，路桥公司设立二分公司，为大队级单位，办公地点在河北任丘，定员 65 人，领导职数 4 人。二分公司主要负责吉林及周边地区路桥市场的开发和经营作业。

2001 年 4 月，为了进一步加快构建现代企业组织体制和经营机制，不断适应市场经济的客观需要，路桥公司对组织机构进行调整。按照专业化管理要求，撤销二分公司，其管理人员划入工程项目管理部，操作人员和设备机具划入机械设备队。

二分公司 2000 年至 2002 年完成了吉林松原长—白一级公路扩建工程。

> 经　　　理　张会成（兼任，2000.7—2001.4）
>
> 副 经 理　管立忠（2000.7—2001.4）
>
> 　　　　　　任福华（2000.7—2001.4）
>
> 责任工程师　代占海（2000.7—10）

第四节　三分公司（2000.7—2001.4）

2000 年 7 月，路桥公司设立三分公司，为大队级单位，办公地点在内蒙古自治区锡林浩特市阿尔善宝力格镇，定员 62 人，领导职数 3 人。三分公司主要负责内蒙古及周边地区路桥市场开发和经营作业。

2001 年 4 月，为了进一步加快构建现代企业组织体制和经营机制，不断适应市场经济的客观需要，路桥公司对组织机构进行调整。按照专业化管理要求，撤销三分公司，其管理人员划入工程项目管理部，操作人员和设备机具划入机械设备队。

三分公司 2001 年至 2002 年完成了内蒙古阿—霍公路 101 线工程，并荣获"阿—霍路工程优良证书"。

经　　　理　李天华（2000.7—2001.4）

副 经 理　孙克宽（2000.7—10）

第五节　四分公司（2000.7—2001.4）

2000 年 7 月，路桥公司设立四分公司，为大队级单位，办公地点在新疆维吾尔自治区库尔勒，定员 30 人，领导职数 3 人。四分公司主要负责新疆及周边地区路桥市场开发和经营作业。

2001 年 4 月，为了进一步加快构建现代企业组织体制和经营机制，不断适应市场经济的客观需要，路桥公司对组织机构进行调整。按照专业化管理要求，撤销四分公司，其管理人员划入工程项目管理部，操作人员和设备机具划入机械设备队。

经　　　理　杨建功（2000.7—2001.4）

第六节　工程车队（2000.7—2001.4）

2000 年 7 月，路桥公司设立工程车队，为大队级单位，办公地点在河北任丘，定员 15 人，领导职数 2 人。工程车队主要负责满足公司筑路生产的用车需要，保障生产运行，开发外部运输市场。

2001 年 4 月，为了进一步加快构建现代企业组织体制和经营机制，不断适应市场经济的客观需要，路桥公司对现有组织机构进行调整。按照专业化管理要求，撤销工程车队，相应业务划入机械设备队。

队　　　长　吕广才（2000.7—9）

第七节　工程项目管理部（2001.4—2003.3）

2001 年 4 月，路桥公司在生产管理部和各分公司管理人员的基础上成立工程项目管理部，为大队级单位，办公地点在河北任丘，定员 34 人，其中主任 1 人、书记 1 人。工程项目管理部的主要职责是：负责公司机关日常生产运行管理和本单位日常行政事务、党务管理；负责组织项目经理参加公司内部工程项目的竞标和各项目部的组建工作；负责帮助项目经理协调地方关系及开工前的准备工作。

同月，成立工程项目管理部党支部，陈进山任书记。

2003 年 3 月，为适应市场经济，提高办事机构和工作人员的工作效率，路桥公司对所属单位做出相应调整，撤销工程项目管理部，相应人员和业务划入冀中项目部、二连项目部、新疆项目部和西藏项目部。

一、工程项目管理部（2001.4—2003.3）[①]

主　　　任　司玉伯（2002.3—2003.3）

副　主　任　陆贵亭（2002.3—2003.3）

孙荣跃（2002.3—2003.3）

刘新民（2002.3—2003.3）

管立忠（2002.3—2003.3）

闫增楼（2002.3—2003.3）

任福华（2002.3—2003.3）

马如春（2002.3—2003.3）

二、工程项目管理部党支部（2001.4—2003.3）

书　　　记　陈进山（2001.4—2003.3）

---

① 2001年4月至2002年3月，工程项目管理部未行文任命干部，由司玉伯代为行使主任职权，由陆贵亭、孙荣跃、刘新民、管立忠、闫增楼、任福华、马如春代为行使副主任职权。

第八节　机械设备队（2001.4—2003.3）

2001年4月，路桥公司合并四个分公司的操作人员和设备机具组建成立机械设备队，为大队级单位，办公地点在河北任丘。定员90人，其中队长1人、书记1人、副队长2人。机械设备队的主要职责是：负责公司施工设备的日常管理、维护保养与修理；负责满足公司内部工程项目施工、设备租赁的需求；负责安全管理，环保管理，水、电、信、暖及能源管理等。

同月，成立机械设备队党支部，史秀华任书记。

2003年3月，为适应市场经济，提高办事机构和工作人员的工作效率，路桥公司对所属单位做出相应调整，撤销机械设备队，相应人员和业务划入冀中项目部。

一、机械设备队（2001.4—2003.3）①

　　队　　　长　解孟江（2002.3—2003.3）

　　副　队　长　林晓东（2002.3—2003.3）

　　　　　　　　王学明（兼任，2002.3—2003.3）

二、机械设备队党支部（2001.4—2003.3）

　　书　　　记　史秀华（2001.4—2003.3）

第九节　搅拌站（2001.4—2011.1；2015.1—12）

2001年4月，路桥公司将一分公司路面材料搅拌业务分离出来，成立搅拌站，为中队级单位，财务独立核算，办公地点在河北任丘，定员17人，领导职数2人。搅拌站的主要职责是：负责沥青搅拌设备的日常管理、维护保养；负责及时生产提供工程项目所需要的合格沥青拌合料。

----

　　①　2001年4月至2002年3月，机械设备队未行文任命干部，由解孟江代为行使队长职权，由林晓东、王学明代为行使副队长职权。

同月，成立搅拌站党支部，张建秋任书记。

2004 年 4 月，搅拌站调整为大队级单位，定员 15 人，其中领导职数 2 人。

2008 年 2 月，成立搅拌站工会，张建秋任主席。

2011 年 1 月，搅拌站与冀中项目部合并，成立第一工程处。

2015 年 1 月，搅拌业务从第一工程处划出，成立搅拌站，为路桥公司所属中队级单位。

截至 2015 年 12 月 31 日，搅拌站在册员工 16 人，其中一般管理人员 3 人（含站长 1 人、副站长 1 人），专业技术人员 2 人，操作人员 11 人。搅拌站党支部共有党员 4 人。

一、搅拌站（中队级，2001.4—2004.4）[①]

站　　　　长　张建秋（2002.3—2004.4）

副　站　长　李怀勇（2002.3—2004.4）

党 支 部 书 记　张建秋（2001.4—2004.4）

二、搅拌站（大队级，2004.4—2011.1）

站　　　　长　张建秋（2004.4—2009.2）

　　　　　　　李怀勇（2009.2—2011.1）

副　站　长　李怀勇（2004.4—2009.2）

党 支 部 书 记　张建秋（2004.4—2009.3）

　　　　　　　李怀勇（2009.3—2011.1）

工 会 主 席　张建秋（2008.2—2009.3）

　　　　　　　李怀勇（2009.3—2011.1）

三、搅拌站（中队级，2015.1—12）

站　　　　长　王川明（2015.1—12）

副　站　长　牟常东（2015.1—12）

党 支 部 书 记　牟常东（2015.1—12）

党支部副书记　王川明（2015.1—12）

---

① 2001 年 4 月至 2002 年 3 月，搅拌站未行文任命干部，由张建秋代为行使站长职权，由李怀勇代为行使副站长职权。

第十节　路面工程队（2002.2—2003.3）

2002 年 2 月，为提高工程质量，实现路面施工作业专业化，路桥公司将路面施工有关人员、施工机具从工程项目管理部和机械设备队分离出来，成立路面工程队，为直属中队级单位，财务独立核算，办公地点在河北任丘，领导职数 3 人。路面工程队主要负责公司所属道路工程的面层施工作业。

2003 年 3 月，路桥公司撤销路面工程队，将路面工程队、工程项目管理部、机械设备队的业务进行整合，按施工作业和服务区域划分成立冀中项目部、二连项目部、新疆项目部、西藏项目部。

队　　　长　刘忠诚（2002.3—2003.3）

副　队　长　裴文通（2002.3—2003.3）

　　　　　　　陈进山（2002.3—2003.3）

第十一节　冀中项目部（2003.3—2011.1）

2003 年 3 月，路桥公司将工程项目管理部、机械设备队、路面工程队整合，划拨部分人员、资产成立冀中项目部，为大队级单位，定员 51 人，其中领导职数 6 人，办公地点在河北任丘。冀中项目部主要负责冀中及周边地区的道路、市政工程的市场开发和经营作业。

2004 年 4 月，冀中项目部领导职数确定为 6 人。

2011 年 1 月，冀中项目部与搅拌站合并成第一工程处，领导职数 7 人，负责原冀中项目部与搅拌站的职责。

2011 年 1 月，冀中项目部撤销时，共有员工 55 人。

2004 年至 2005 年，冀中项目部完成了渤海路中段改扩建工程。

一、冀中项目部（2003.3—2011.1）

　　经　　　理　刘新民（2003.3—2009.2）

　　　　　　　　张建秋（2009.2—2011.1）

　　副　经　理　管立忠（2003.3—2006.3）

　　　　　　　　林晓东（2003.3—2011.1）

　　　　　　　　刘忠诚（2003.3—2006.3）

　　　　　　　　王奉天（2003.3—2011.1）

　　　　　　　　张赶梁（2003.3—2011.1）

　　　　　　　　陆贵亭（正科级，2005.5—2006.3）

　　　　　　　　任福华（2005.5—2006.3）

　　　　　　　　王学明（2005.5—2006.3）

二、冀中项目部党支部（2003.3—2011.1）

　　书　　　记　史秀华（2003.3—2009.5）

　　　　　　　　张建秋（2009.7—2011.1）

三、冀中项目部工会（2008.2—2011.1）

　　主　　　席　史秀华（2008.2—2009.5）

　　　　　　　　张建秋（2009.7—2011.1）

第十二节　第一工程处（2011.1—2015.12）

　　2011年1月，冀中项目部与搅拌站合并成第一工程处，为大队级单位。定员78人，其中领导职数5人。办公地点在河北任丘。第一工程处的主要职责是：负责冀中及周边地区的道路、市政工程的市场开发和施工作业；负责沥青搅拌设备的日常管理、维护保养工作；负责及时生产提供工程项目所需要的合格沥青拌合料。

　　同月，成立第一工程处党支部，林晓东任书记，张建秋任副书记。

　　同月，成立第一工程处工会，林晓东任主席。

　　截至2015年12月31日，第一工程处在册员工64人，其中科级职数4

人（含主任1人、党支部书记1人、副主任2人），一般管理人员3人，专业技术人员25人，操作人员32人。第一工程处党支部共有党员21人。

2013年，第一工程处完成北站路维修工程施工。

2013年至2015年，第一工程处先后完成了会战道南延改扩建、潜山道路维修、文化道路改造等工程。

一、第一工程处（2011.1—2015.12）

主　　　任　张建秋（2011.1—2015.1）

　　　　　　裴文通（2015.1—12）

副　主　任　林晓东（2011.1—2015.1）

　　　　　　张建秋（2015.1—12）

　　　　　　张赶梁（2011.1—2015.12）

　　　　　　李怀勇（2011.1—2015.12）

二、第一工程处党支部（2011.1—2015.12）

书　　　记　林晓东（2011.1—2015.1）

　　　　　　张建秋（2015.1—12）

副　书　记　张建秋（2011.1—2015.1）

　　　　　　裴文通（2015.1—12）

三、第一工程处工会（2011.1—2015.12）

主　　　席　林晓东（2011.1—2015.1）

　　　　　　张建秋（2015.1—12）

第十三节　二连项目部—第二工程处
（2003.3—2015.12）

2003年3月，路桥公司将工程项目管理部、机械设备队、路面工程队整合，划拨部分人员、资产成立二连项目部，为大队级单位，定员57人，其中领导职数4人，办公地点在内蒙古自治区锡林浩特市阿尔善宝力格镇。二连项目部主要负责内蒙古自治区及周边地区路桥业务市场开发和经营作业。

2004 年 4 月，确定二连项目部领导职数为 6 人。

2011 年 1 月，二连项目部与冀东项目部合并，成立第二工程处，为大队级单位，承担原项目部各项职责。

2015 年 1 月，第二工程处与第三工程处合并为第二工程处，承担原工程处各项职责。

截至 2015 年 12 月 31 日，第二工程处在册员工 30 人，其中科级职数 2 人（含书记 1 人、副主任 1 人），一般管理人员 2 人，专业技术人员 10 人，操作人员 16 人。第二工程处党支部共有党员 16 人。

2003 年至 2004 年，第二工程处完成了锡阿公路大修工程。

2011 年用时 40 天圆满完成二连分公司阿尔油田 23.5 千米的乌萨道路北段工程的施工任务。

2014 年完成内蒙古自治区的东乌珠穆沁旗—萨麦苏木道路维修工程。

一、二连项目部（2003.3—2011.1）

经　　理　　孙荣跃（兼任，2003.3—2005.3）

闫增楼（2005.3—2008.2）

裴文通（2008.2—2011.1）

副 经 理　　闫增楼（2003.3—2005.3）

任福华（2003.3—2005.5）

解孟江（2003.3—2006.3）

崔宝军（2003.3—2011.1）

王学明（兼任，2003.6—2004.3；2004.3—2005.5）

陆贵亭（正科级，2004.3—2005.5）

二、二连项目部党支部（2003.3—2011.1）

书　　记　　闫增楼（2003.3—2008.2）

解孟江（2008.2—2009.3）

公岩岭（2009.3—2010.7）

牟常东（2010.7—2011.1）

三、第二工程处（2011.1—2015.12）

主　　任　　裴文通（2011.1—2015.1）

　　　　　　　　　　李炳刚（2015.1—12）
　　副　主　任　李炳刚（2011.1—2012.2）
　　　　　　　　　　夏建伟（2011.1—2015.12）
　　　　　　　　　　耿广泰（2012.2—2015.12）

四、第二工程处党支部（2011.1—2015.12）
　　书　　　记　李炳刚（2011.1—2012.2）
　　　　　　　　　　耿广泰（2012.2—2015.12）
　　副　书　记　裴文通（2011.1—2015.1）
　　　　　　　　　　李炳刚（2015.1—12）

五、第二工程处工会（2011.1—2015.12）
　　主　　　席　李炳刚（2011.1—2012.2）
　　　　　　　　　　耿广泰（2012.2—2015.12）

第十四节　新疆项目部（2003.3—2006.3）

　　2003年3月，路桥公司将工程项目管理部、机械设备队、路面工程队整合，划拨部分人员、资产成立新疆项目部，为大队级单位，定员9人，办公地点在新疆维吾尔自治区库尔勒市。新疆项目部主要负责新疆塔里木油田及周边地区路桥业务市场开发和经营作业。
　　2004年4月，确定新疆项目部领导职数1人。
　　2006年3月，路桥公司撤销新疆项目部。
　　经　　　理　马如春（2003.3—2006.3）

第十五节　西藏项目部（2003.3—2004.4）

　　2003年3月，路桥公司将工程项目管理部、机械设备队、路面工程队整合，按生产作业区域划分，成立西藏项目部，为大队级单位，办公地点在河北任丘。西藏项目部主要负责西藏自治区昌都及周边地区路桥业务市场开发和经营作业。

2004年4月，路桥公司撤销西藏项目部。

经　　　　理　陆贵亭（2003.3—2004.3）

第十六节　重庆项目部（2006.6—2010.7）

2006年6月，路桥公司为了加大市场开发力度、拓展业务，成立重庆项目部，为大队级单位，定员8人，其中领导职数4人。办公地点在河北任丘。重庆项目部主要负责重庆及周边地区路桥业务市场开发和经营作业。

2010年7月，撤销重庆项目部。

2006年至2009年，重庆项目部先后完成了重庆綦四线、重庆白塘线高等级公路施工任务。

一、重庆项目部（2006.6—2010.7）

经　　　　理　顾　本（兼任，2006.6—2007.8）

　　　　　　　李天华（兼任，2007.8—2010.7）

副 经 理　潘　磊（2006.6—2010.6）

　　　　　　　王学明（2006.6—2010.6）

总 工 程 师　夏建伟（2006.6—2010.6）

二、重庆项目部党支部（2008.2—2010.7）

书　　　　记　李天华（兼任，2008.3—2009.3）

　　　　　　　牟常东（2009.3—2010.7）

三、重庆项目部工会（2008.2—2010.7）

主　　　　席　李天华（兼任，2008.3—2009.3）

　　　　　　　牟常东（2009.3—2010.7）

第十七节　冀东项目部（2007.3—2011.1）

2007年3月，路桥公司为了适应市场，加大开发市场的力度，成立冀东项目部，为大队级单位，定员11人，领导职数2人。办公地点在冀东油田，位于河北唐海县。冀东项目部主要负责冀东油田及周边地区路桥业务市场开发和经营作业。

2011年1月，冀东项目部与二连项目部合并，成立第二工程处，人员和业务划转第二工程处。

截至2011年1月，冀东项目部共有10人。

2007年，冀东项目部先后完成了冀东南堡油田1、2号线道路和南堡西线主干道道路紧急抢修任务。

一、冀东项目部（2007.3—2011.1）

　　经　　　理　李炳刚（2007.3—2011.1）

　　副 经 理　耿广泰（2007.3—2008.9）

　　　　　　　李文江（不详—2008.9）

二、冀东项目部党支部（2008.2—2011.1）

　　书　　　记　李炳刚（2008.3—2011.1）

三、冀东项目部工会（2008.2—2011.1）

　　主　　　席　李炳刚（2008.3—2011.1）

第十八节　苏里格项目部—第三工程处
（2008.9—2015.1）

2008年9月，根据市场开拓的需要，路桥公司成立苏里格项目部，为大队级单位，定员8人，领导职数2人。办公地点在华北油田分公司苏里格项目部附近，位于内蒙古自治区鄂托克旗。苏里格项目部主要负责苏里格地区和油田单位内、外部市场开发和经营作业。

2011年1月，苏里格项目部更名为第三工程处，并调整为科级单位。调整后，原职责不变。

2015年1月，第二工程处与第三工程处合并为第二工程处，按照人随资产走的原则，相关人员随业务划转。

截至2015年1月，第三工程处共有15人，领导职数2人。

一、苏里格项目部（2008.9—2011.1）

　　经　　　理　耿广泰（2008.9—2011.1）

　　副　经　理　李文江（2008.9—不详）

二、苏里格项目部党支部（2010.7—2011.1）

　　书　　　记　李文江（2010.7—2011.1）

三、第三工程处领导名录（2011.1—2015.1）

　　主　　　任　耿广泰（2011.1—2012.2）

　　　　　　　　李炳刚（2012.2—2015.1）

　　项 目 经 理　王学明（不详—2013.11）

四、第三工程处党支部领导名录（2011.1—2015.1）

　　书　　　记　耿广泰（2011.1—2012.2）

　　　　　　　　李炳刚（2012.2—2015.1）

五、第三工程处工会领导名录（2011.1—2015.1）

　　主　　　席　耿广泰（2011.1—2012.2）

　　　　　　　　李炳刚（2012.2—2015.1）

第十九节　工程技术服务处
（2011.1—2015.12）

2011 年 1 月，路桥公司在技术质量部（含试验检测中心）的基础上组建工程技术服务处，为大队级单位，共有员工 15 人。工程技术服务处主要负责公司质量管理工作体系的建立和有效运行，审核施工组织设计以及新技术的推广应用。2012 年 1 月成立路桥设计所，由工程技术服务处管理，承接市政、道路设计任务。

2015 年 1 月，成立工程技术服务处党支部，林晓东任书记。

同月，成立工程技术服务处工会，林晓东任主席。

截至 2015 年 12 月 31 日，工程技术服务处在册员工 14 人（含路桥设计所在册员工 3 人），其中科级职数 2 人（含主任 1 人、党支部书记 1 人），一般管理人员 2 人，专业技术人员 10 人。工程技术服务处党支部未设立支部委员会，共有党员 4 人。工程技术服务处管理班组 1 个：路桥设计所。

2012 年，工程技术服务处首次承担油田矿区文化道改造的全部设计工作，并圆满完成该项工作。

一、工程技术服务处（2011.1—2015.12）

　　　　主　　　任　杨建功（兼任，2011.1—2015.1）

　　　　　　　　　　崔宝军（2015.1—12）

　　　　副　主　任　崔宝军（2011.1—2015.1）

　　　　　　　　　　林晓东（2015.1—12）

二、工程技术服务处党支部（2015.1—12）

　　　　书　　　记　林晓东（2015.1—12）

三、工程技术服务处工会（2015.1—12）

　　　　主　　　席　林晓东（2015.1—12）

第四章 附 录

第一节 2000年河北华北石油路桥工程有限公司组织机构名录

单 位		办公地点
一、机关科室（7个）		
1	综合办公室	河北省任丘市
2	财务部	河北省任丘市
3	经营开发部	河北省任丘市
4	人事劳资部	河北省任丘市
5	机动安全部	河北省任丘市
6	生产管理部	河北省任丘市
7	技术质量部	河北省任丘市
二、所属单位（5个）		
1	一分公司	河北省任丘市
2	二分公司	河北省任丘市
3	三分公司	内蒙古自治区锡林浩特市阿尔善宝力格镇
4	四分公司	新疆维吾尔自治区库尔勒市
5	工程车队	河北省任丘市

第二节　2000—2015年组织机构沿革图

图例说明

1. 本图主要按编年记事的方式简要绘制组织机构的沿革变化，主要包括机构的成立、更名、合并、拆分、撤销等事项。

2. 本图中机构沿革变化以"机构名称"中首字对应年份为时间节点。

3. 机构延续用"→"符号表示；撤销用"‖"符号表示；合并用"⊐"符号表示；分设（分拆）用"⊏"符号表示。

4. 具体图例符号使用详见每页机构沿革图下的图例说明。

路桥工程有限公司组织机构沿革图（一）

2000.7 ── → 2001.4 ── → 2003.3 ── → 2004.9 ── → 2006.3 ── → 2011.1 ── → 2015.2 ── → 2015.12 （时间）

1. 机关部门

综合办公室 ── → 办公室（党群工作科）── → 办公室（党群工作科）

财务部 ── → 财务科 ── → 财务科

经营开发部 ── → 计划经营科 ── → 计划经营科

人事劳资部 ── → 人事科 ── → 人事科

机动安全部 ── → 安全管理科 / 生产机动安全部 ── → 生产机动安全科 ── → 生产机动安全科

生产管理部

技术质量部

生产协调部

生产机动安全部

| 图例说明 | ── → ：延续　　||：撤销　　⊐：合并 |

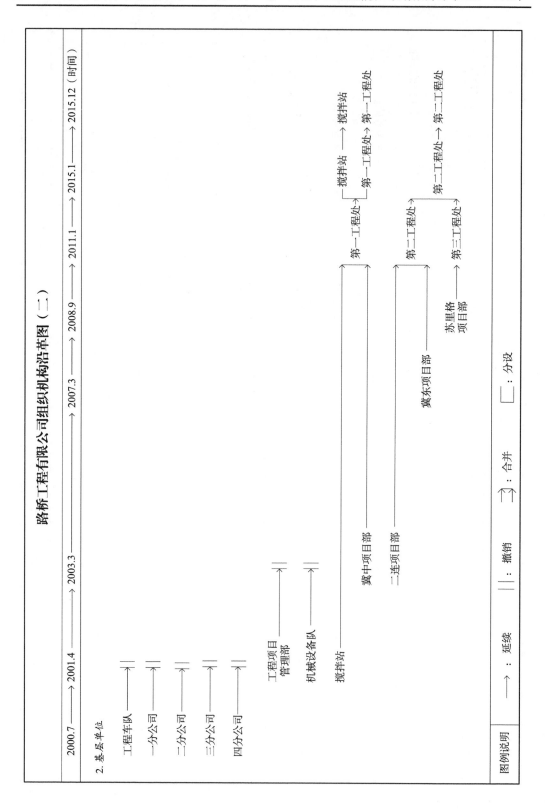

路桥工程有限公司组织机构沿革图（二）

2. 基层单位

路桥工程有限公司组织机构沿革图（三）

2002.2 —→ 2003.3 —→ 2004.4 —→ 2006.3 —→ 2006.6 —→ 2010.7 —→ 2011.1 —→ 2015.12 （时间）

路面工程队 —→‖

西藏项目部 —→‖

新疆项目部 —→↑

供应站 —————————————————————→ 供应站

重庆项目部 —→↑

工程技术服务处 —————→ 工程技术服务处

图例说明	—→ ：延续　　‖：撤销

第三节　2015年河北华北石油路桥工程有限公司组织机构名录

单　位		办公地点
一、机关科室（5个）		
1	办公室（党群工作科）	河北省任丘市
2	财务科	河北省任丘市
3	计划经营科	河北省任丘市
4	人事科	河北省任丘市
5	生产机动安全科	河北省任丘市
二、所属单位（5个）		
1	供应站	河北省任丘市
2	搅拌站	河北省任丘市
3	第一工程处	河北省任丘市
4	第二工程处	内蒙古自治区锡林浩特市阿尔善宝力格镇
5	工程技术服务处	河北省任丘市

第四节　获得局级劳动模范人员名单

授予年份	荣誉称号	获奖者	工作单位及职务
2013	华北油田分公司劳动模范	韩　健	第二工程处助理工程师
2015	华北油田分公司劳动模范	赵　伟	第二工程处工程师

第五节 获得局级、部级优秀党员、
党务工作者人员名单

授予年份	荣誉称号	获奖者	工作单位及职务
2007	华北石油管理局优秀共产党员	陆贵亭	冀中项目部副经理
2008		王志广	第一工程处汽车驾驶员
2010	华北油田分公司优秀共产党员	李文江	苏里格项目部副经理
2011		李文江	苏里格项目部党支部书记
2011	集团公司优秀共产党员	李文江	苏里格项目部党支部书记
2008		陈进山	综合办公室主任
2010	华北油田分公司优秀党务工作者	李天华	路桥公司副总经理
2011		王 伟	综合办公室副主任
2011	集团公司优秀党务工作者	陈进山	综合办公室主任

第六节 获得局级先进党支部党组织名单

授予年份	荣誉称号	获奖组织
2008	华北石油管理局先进党支部	冀中项目部党支部
2010	华北油田分公司先进党支部	冀中项目部党支部

第七节　历年党员人数和党组织情况

单位：个

年份		2003	2004	2005	2006	2007	2008	2009	2010	2011	2012	2013	2014	2015
党总支		1	1	1	1	1	1	1	1	1	1	1	1	1
党支部		4	4	4	4	6	6	6	6	4	4	4	4	4
党员	总数	59	—	61	—	64	68	67	64	66	69	70	73	72
	女	5	—	7	—	8	11	9	9	9	10	11	12	13
	少数民族	0	—	0	—	0	0	0	0	0	0	1	1	1
	在职员工	59	—	61	—	63	68	67	64	66	69	70	73	72
发展党员		2	—	2	—	0	3	2	2	2	2	3	2	2

第八节　获得高级职称人员名单

高级工程师：

张国权　尹秀奇　张会成　顾　本　梁福来　杨国胜　杨建功　张建新
崔宝军　邹金龙

高级会计师：

石　伟

高级经济师：

刘志兰

高级政工师：

于波涛　李天华　陈进山　孙广寿

第九节　机关科室人员简明表

一、综合办公室—办公室（党群工作科）（2000.7—2015.12）

科室名称	科室员工名录		
综合办公室 （2000.7—2015.2）	武胜楠（2009.3—2010.3） 孙新明（2000.7—2015.2） 代　伟（2013.8—2015.2）	戴　琳（2010.4—2011.3） 郑景涛（2000.7—2015.2）	孙广寿（2000.7—2015.2） 何应生（2010.2—2013.12）
办公室（党群工作科） （2015.2—12）	孙广寿（2015.2—12） 代　伟（2015.2—12）	孙新明（2015.2—12）	郑景涛（2015.2—.12）

二、财务部—财务科（2000.7—2015.12）

科室名称	科室员工名录		
财务部 （2000.7—2011.1）	刘伍华（2000.7—2007.3） 白桂祥（2000.7—2008.4） 刘　兰（2009.3—2011.1）	曲　捷（2000.7—2007.3） 申　平（2000.7—2011.1） 卢　敏（2000.7—2011.1）	牟常东（2007.3—2008.4） 李　丽（2000.7—2011.1） 曹桂玲（2008.2—2011.1）
财务科 （2011.1—2015.12）	申　平（2011.1—2012.12） 刘　兰（2011.1—2015.12） 肖庆华（2011.2—2015.12）	白桂祥（2011.2—2015.12） 卢　敏（2011.1—2015.12） 曹桂玲（2011.1—2015.12）	李　丽（2011.1—2015.12） 苗　青（2011.2—2015.12）

三、经营开发部—计划经营科（2000.7—2015.12）

科室名称	科室员工名录		
经营开发部 （2000.7—2011.1）	张承路（2000.7—2008.12） 李　英（2000.7—2011.1）	刘继强（2000.7—2009.2） 武胜楠（2010.5—2011.1）	高　辉（2009.3—2010.3） 张　影（2008.3—2011.1）
计划经营科 （2011.1—2015.12）	李　磊（2011.2—12） 张　影（2011.1—2015.12）	李　英（2011.1） 高　辉（2011.4—2015.12）	武胜楠（2011.1—2012.1） 戴　琳（2011.4—2015.12）

四、人事劳资部—人事科（2000.7—2015.12）

科室名称	科室员工名录
人事劳资部 （2000.7—2011.1）	周　旭（2003.6—2007.12）　袁　玉（2000.7—2011.1）　孟香斋（2007.12—2011.1） 吴　佳（2009.7—2011.1）
人事科 （2011.1—2015.12）	袁　玉（2011.1—2015.12）　孟香斋（2011.1—2015.4）　许　娜（2015.4—12） 吴　佳（2011.1—2015.12）

五、机动安全部—安全管理科—生产机动安全部—生产机动安全科（2000.7—2015.12）

科室名称	科室员工名录
机动安全部—安全管理科—生产机动安全部 （2000.7—2011.1）	钱　进（2009.3—2011.1）　公岩岭（2010.3—2011.1）　陈秀琼（2000.7—2011.1） 龙　梅（2009.3—2011.1）　段如铁（2006.3—2009.2）
生产机动安全科 （2011.1—2015.12）	钱　进（2011.1—12）　公岩岭（2011.1）　陈秀琼（2011.1—2015.12） 李文江（2012.3—2015.12）　龙　梅（2011.1—2015.12）　王奉天（2013.7—2015.12） 张　杰（2015.5—12）

六、生产管理部（2000.7—2001.4）

科室名称	科室员工名录
生产管理部 （2000.7—2001.4）	司玉伯（2000.7—2001.4）　李增杰（2000.7—10） 郁学龙（2000.11—2001.4）

七、生产协调部（2003.3—2006.3）

科室名称	科室员工名录
生产协调部 （2003.3—2006.3）	郁学龙（2003.3—2006.3）　段如铁（2003.3—2006.3）

八、技术质量部（2000.7—2011.1）

科室名称	科室员工名录
技术质量部 （2000.7—2011.1）	邹金龙（2000.7—2007.8；2008.5—2009.2）　边建军（2009.3—2011.1） 蔡永福（2010.5—2011.1）　邓宝平（2009.3—2011.1）

第五章 组织人事大事纪要

二〇〇〇年

一 月

1月27日 为改善资本结构，推动企业开拓局外市场，华北石油管理局对公用事业管理处筑路工程公司进行股份制改造，在筑路工程公司的基础上组建河北华北石油路桥工程有限公司。【华油企法字〔2000〕27号】

四 月

4月4日 路桥公司召开第一次股东会，会上对公司筹建情况进行了通报，审议通过公司章程，选举产生第一届董事会、监事会。董事会由7人组成，孙富明为董事长；监事会由3人组成，闫德山为监事会主席。聘任黎世清为总经理，张国权为副总经理兼总工程师。【第一次股东会议】

4月4日 经公司总经理提名，第一届第一次董事会决定，聘任张会成同志为公司副总经理、王福盛同志为公司副总经理、张国权同志为公司副总经理兼总工程师、路野同志为公司总会计师。【华油路桥干字〔2000〕4号】

4月24日 中共华北石油管理局河北华北石油路桥工程有限公司总支部委员会成立，党组织关系隶属中共华北石油管理局公用事业管理处委员会，任命李天华为党总支书记，指定李天华为纪委负责人。【华油公用党字〔2000〕11号】

六 月

本月 路桥公司成立，为管理局所属子公司，按照副处级单位管理。注册资本2024万元，其中华北石油管理局出资1687.9万元，占注册资本的

83.39%，职工个人出资 336.1 万元，占注册资本的 16.61%。法定代表人为孙富明。【路桥公司第一届一次股东会议】

6 月 23 日　路桥公司工会成立，李天华任工会主席。【华油公用工字〔2000〕11 号】

七　月

7 月 7 日　经公司总经理提名，第一届第一次董事会审议，聘任范跃宣同志为公司副总经济师；史秀华同志为公司综合办公室主任；周旭同志为公司综合办公室副主任；孙荣跃同志为公司经营开发部主任；闫增楼同志为公司经营开发部副主任；兰强同志为公司人事劳资部副主任；邵元松同志为公司财务部副主任；司玉伯同志为公司生产管理部主任；解孟江同志为公司机动安全部主任；尹秀奇同志为公司技术质量部主任；陆贵亭同志为一分公司经理；刘新民同志为一分公司副经理；程玉华同志为一分公司副经理；张会成同志为二分公司经理；管立忠同志为二分公司副经理；任福华同志为二分公司副经理；代占海同志为二分公司责任工程师；李天华同志为三分公司经理；孙克宽同志为三分公司副经理；杨建功同志为四分公司经理。【华油路桥干字〔2000〕5 号】

十　月

10 月 9 日　经公司总经理提议，董事会研究决定，免去孙克宽同志的三分公司副经理职务；免去代占海同志的二分公司责任工程师职务。【华油路桥组干字〔2000〕16 号】

本年末　河北华北石油路桥工程有限公司共有员工 181 人。【2000 年度人事劳资报表资料】

二〇〇一年

四　月

4 月 16 日　为了进一步加快构建现代企业组织体制和经营机制，不断适应市场经济的客观需要，路桥公司对现有组织机构进行调整，合并生产管理部与原机动安全部，成立机动安全部；所属单位精简为 3 个：工程项目管理部、机械设备队、搅拌站。【华油路桥人劳字〔2001〕21 号】

十 二 月

12 月 24 日　公司董事会研究决定，免去张国权同志的路桥工程公司副总经理、总工程师职务。【路桥工程有限公司关于免去张国权同志现任职务的决定】

本年末　河北华北石油路桥工程有限公司共有员工 204 人。【2001 年度人事劳资报表资料】

二〇〇二年

三　月

3 月 11 日　路桥公司决定，聘任杨建功同志为公司副总工程师；范跃宣同志为副总经济师；李天华同志为公司综合办公室主任；周旭同志为公司综合办公室副主任；兰强同志为公司人事劳资部副主任；邵元松同志为公司财务部副主任；程玉华同志为公司经营开发部主任；张建新同志为经营开发部副主任；尹秀奇同志为公司技术质量部主任；顾本同志为公司技术质量部副主任；张虹瑞同志为公司技术质量部副主任；司玉伯同志为公司工程项目管理部主任；陆贵亭同志为公司工程项目管理部副主任；孙荣跃同志为公司工程项目管理部副主任；刘新民同志为公司工程项目管理部副主任；管立忠同志为公司工程项目管理部副主任；闫增楼同志为公司工程项目管理部副主任；任福华同志为公司工程项目管理部副主任；马如春同志为公司工程项目管理部副主任；解孟江同志为公司机动安全部主任（兼任机械设备队队长）；林晓东同志为公司机动安全部副主任（兼任机械设备队副队长）；王学明同志为公司机动安全部副主任（兼任机械设备队副队长）；刘忠诚同志为公司路面工程队队长；裴文通同志为公司路面工程队副队长；陈进山同志为公司路面工程队副队长；张建秋同志为公司搅拌站站长；李怀勇同志为公司搅拌

站副站长。【华油路桥组干字〔2002〕13号】

本年末　河北华北石油路桥工程有限公司共有员工180人。【2002年度人事劳资报表资料】

二〇〇三年

一　月

1月24日　管理局党委决定，张会成任河北华北石油路桥工程有限公司党总支委员、书记。【华油党字〔2003〕9号】

1月24日　管理局决定，聘任张会成为河北华北石油路桥工程有限公司总经理，免去黎世清的河北华北石油路桥工程有限公司总经理职务。【华油组字〔2003〕27号】

二　月

2月28日　路桥公司召开了二届一次股东会议，注册资本增加至3024万元，新出资1000万元全部由华北石油管理局以货币方式认缴。【河北华北石油路桥工程有限公司章程】

2月28日　股东会议决定，原董事会成员不变，选举闫德山、陈进山、牟常东为监事。董事会会议决定，聘任张会成为总经理。【股东会议决议】【董事会会议决议】

三　月

3月1日　路桥公司决定，聘任王福盛同志为路桥工程公司副总经理、安全总监；李天华同志为路桥工程公司副总经理；孙荣跃同志为路桥工程公司副总经理；杨建功同志为路桥工程公司总工程师。【华油路桥组〔2003〕1号】

3月7日　经局党委组织部部务会研究并请示局党委同意，中共河北华北石油路桥工程有限公司总支部委员会隶属华北石油管理局党委领导。中共河北华北石油路桥工程有限公司总支部委员会由张会成、李天华、王福盛、孙荣跃、杨建功等 5 名同志组成。张会成同志任党总支书记，李天华同志任党总支副书记、工会主席。【华油组〔2003〕8 号】

3 月 23 日　为适应市场，提高办事机构和工作人员的工作效率，路桥公司对公司机关和所属单位做出相应调整，成立生产协调部，机关科室增加为 7 个；撤销工程项目管理部、机械设备队、路面工程队，所属单位调整为 5 个：冀中项目部、二连项目部、新疆项目部、西藏项目部、搅拌站。【华油路桥人劳字〔2003〕3 号】

3 月 23 日　路桥公司决定，聘任陈进山同志为公司综合办公室主任；周旭同志为公司综合办公室副主任；程玉华同志为公司经营开发部主任；张建新同志为公司经营开发部副主任；兰强同志为公司经营开发部副主任；尹秀奇同志为公司技术质量部主任；顾本同志为公司技术质量部副主任；张虹瑞同志为公司技术质量部副主任；李西桥同志为公司财务部主任；邵元松同志为公司财务部副主任；司玉伯同志为公司生产协调部主任；裴文通同志为公司机动安全部主任；王学明同志为公司机动安全部副主任；刘志兰同志为公司人事劳资部副主任。【华油路桥组干字〔2003〕4 号】

3 月 23 日　路桥公司决定，聘任刘新民同志为冀中项目部经理；管立忠同志为冀中项目部副经理；林晓东同志为冀中项目部副经理；刘忠诚同志为冀中项目部副经理；王奉天同志为冀中项目部副经理；张赶梁同志为冀中项目部副经理；孙荣跃同志为二连项目部经理（兼任）；闫增楼同志为二连项目部副经理；任福华同志为二连项目部副经理；解孟江同志为二连项目部副经理；崔宝军同志为二连项目部副经理；马如春同志为新疆项目部经理；陆贵亭同志为西藏项目部经理；张建秋同志为搅拌站站长；李怀勇同志为搅拌站副站长。【华油路桥组干字〔2003〕5 号】

3 月 23 日　路桥公司党总支委员会决定，陈进山同志任公司机关党支部书记，免去其路面工程队党支部书记职务；史秀华同志任冀中项目部党支部书记，免去其机械设备队党支部书记职务；闫增楼同志任二连项目部党支部书记；张建秋同志任搅拌站党支部书记。【华油路桥党字〔2003〕2 号】

五　月

5月15日　路桥公司决定，裴文通同志任公司安全副总监。【华油路桥组干字〔2003〕23号】

六　月

6月20日　路桥公司决定，聘任王学明同志为公司二连项目部副经理（兼任）；顾本同志为公司二连项目部副总工程师（兼任）；邹金龙同志为公司二连项目部工程师。【华油路桥组干字〔2003〕30号】

本年末　河北华北石油路桥工程有限公司共有员工180人。【2003年度人事劳资报表资料】

二〇〇四年

三　月

3月29日　路桥公司决定，聘任刘新民同志为冀中项目部经理；管立忠同志为冀中项目部副经理；林晓东同志为冀中项目部副经理；刘忠诚同志为冀中项目部副经理；王奉天同志为冀中项目部副经理；张赶梁同志为冀中项目部副经理；陆贵亭同志为二连项目部副经理（正科级），免去其西藏项目部经理职务；闫增楼同志为二连项目部副经理；任福华同志为二连项目部副经理；解孟江同志为二连项目部副经理；免去王学明同志的机动安全部副主任职务；马如春同志为新疆项目部经理；张建秋同志为搅拌站站长；李怀勇同志为搅拌站副站长。【华油路桥组干字〔2004〕17号】

3月29日　路桥公司决定，聘任陈进山同志为公司综合办公室主任；程玉华同志为公司经营开发部主任；张建新同志为公司经营开发部副主任；兰强同志为公司经营开发部副主任；尹秀奇同志为公司技术质量部主任；顾本同志为公司技术质量部副主任；张虹瑞同志为公司技术质量部副主任；李西桥同志为公司财务部主任；邵元松同志为公司财务部副主任；司玉伯同志为公司生产协调部主任；裴文通同志为公司机动安全部主任；刘志兰同志

为公司人事劳资部副主任。【华油路桥组干字〔2004〕18 号】

3 月 29 日 路桥公司决定，聘任曹建国同志为公司供应站站长（中队级）。【华油路桥组干字〔2004〕19 号】

四 月

4 月 5 日 由于西藏地区业务市场萎缩，路桥公司撤销西藏项目部，成立供应站。【华油路桥人劳字〔2004〕9 号】

八 月

本月 路桥公司注册资本变更为 6000 万元，华北石油管理局新出资 1176 万元，河北华北石油工程建设有限公司出资 1800 万元，职工个人股东将全部股权 转让给华北石油管理局。转让后，华北石油管理局出资 4200 万元，占注册资本的 70%；河北华北石油工程建设有限公司出资 1800 万元，占注册资本的 30%。【河北华北石油路桥工程有限公司股东会会议决议】

九 月

9 月 23 日 路桥公司将机动安全部更名为安全管理科。【华油路桥人劳字〔2004〕49 号】

本年末 河北华北石油路桥工程有限公司共有员工 180 人。【2004 年度人事劳资报表资料】

二〇〇五年

三 月

3 月 9 日 路桥公司决定，聘任闫增楼同志为二连项目部经理；兰强同志为生产协调部副主任；免去兰强同志的经营开发部副主任职务。【华油路桥组干字〔2005〕8 号】

四　月

4月3日　路桥公司决定，聘任解孟江、崔宝军同志为二连项目部副经理。【华油路桥组字〔2005〕20号】

4月3日　路桥公司决定，免去邵元松同志的财务部副主任职务。【华油路桥组字〔2005〕21号】

五　月

5月11日　路桥公司决定，陆贵亭同志任冀中项目部副经理（正科级），兼任津保南线改扩建工程项目经理；任福华同志任冀中项目部副经理，兼任岔一路大修工程项目经理；王学明同志任冀中项目部副经理，兼任津保南线改扩建工程项目副经理；免去陆贵亭、任福华、王学明等同志的二连项目部副经理职务。【华油路桥组干字〔2005〕27号】

本年末　河北华北石油路桥工程有限公司共有员工177人。【2005年度人事劳资报表资料】

二〇〇六年

三　月

3月1日　根据《河北华北石油路桥工程有限公司章程》的有关规定，经公司中层领导干部推荐、管理局党委组织部考核，公司三届一次董事会通过，聘顾本同志任公司副总经理兼安全总监；免去王福盛同志的公司副总经理兼安全总监职务。【华油路桥组字〔2006〕11号】

3月9日　为精简管理机构，提高工作效率，路桥公司将生产协调部与安全管理科合并为生产机动安全部。【华油路桥人劳字〔2006〕12号】

3月9日　路桥公司决定，尹秀奇同志任高级工程师，免去其技术质量部主任职务；陈进山同志任综合办公室主任；程玉华同志任经营开发部主任；张建新同志任经营开发部副主任；裴文通同志任生产机动安全部主任；李西桥同志任财务部主任；刘志兰同志任人事劳资部副主任；张虹瑞同志任技术质量部副主任；免去司玉伯同志的生产协调部主任职务，配合裴文通同志负责生产协调工作。【华油路桥组字〔2006〕13号】

3月9日　路桥公司决定，刘新民同志任冀中项目部经理；张赶梁同志任冀中项目部副经理；林晓东同志任冀中项目部副经理；王奉天同志任冀中项目部副经理；免去陆贵亭、管立忠、任福华、王学明、刘忠诚5名同志的冀中项目部副经理职务；闫增楼同志任二连项目部经理；崔宝军同志任二连项目部副经理；免去解孟江同志的二连项目部副经理职务；张建秋同志任搅拌站站长；李怀勇同志任搅拌站副站长。【华油路桥组字〔2006〕14号】

六　月

6月2日　根据市场开发实际情况，路桥公司决定，成立重庆项目部。顾本同志任重庆项目部经理（兼任）；王学明同志任重庆项目部副经理；潘磊同志任重庆项目部副经理；夏建伟同志任重庆项目部总工程师。【华油路桥组字〔2006〕29号】

本年末　河北华北石油路桥工程有限公司共有员工179人。【2006年度人事劳资报表资料】

二〇〇七年

三　月

3月12日　路桥公司决定，陈进山同志任综合办公室主任；李西桥同志任财务部主任；张建新同志任经营开发部主任；裴文通同志任生产机动安全部主任；刘志兰同志任人事劳资部主任；张虹瑞同志任技术质量部主任；曹建国同志任供应站站长（中队级）。【华油路桥组干字〔2007〕9号】

3月12日　根据市场变化的需要，路桥公司决定，成立冀东项目部。李炳刚同志任冀东项目部经理；耿广泰同志任冀东项目部副经理。【华油路桥组干字〔2007〕10号】

本年末 河北华北石油路桥工程有限公司共有员工 183 人。【2007 年度人事劳资报表资料】

二○○八年

二 月

2 月 18 日 路桥公司决定，王伟同志任综合办公室副主任。【华油路桥组干字〔2008〕8 号】

2 月 27 日 路桥公司决定，裴文通同志任二连项目部经理，不再担任公司安全副总监、生产机动安全部主任职务；闫增楼同志任公司安全副总监、生产机动安全部主任，不再担任二连项目部经理职务。【华油路桥组干字〔2008〕10 号】

三 月

3 月 19 日 路桥公司党总支决定，冀中项目部党支部委员会由史秀华、刘新民、林晓东、张赶梁、管立忠等 5 名同志组成，史秀华同志任党支部书记；冀东项目部党支部委员会由李炳刚、李文江、张建伟等 3 名同志组成，李炳刚同志任党支部书记；二连项目部党支部委员会由解孟江、公岩岭、袁洪超等 3 名同志组成，解孟江同志负责党支部工作；重庆项目部党支部委员会由李天华、陆贵亭、周凯等 3 名同志组成，李天华同志任党支部书记（兼任）；搅拌站党支部委员会由张建秋、李怀勇、王志广等 3 名同志组成，张建秋同志任党支部书记；公司机关党支部委员会由陈进山、张会成、张建新等 3 名同志组成，陈进山同志任党支部书记。【华油路桥组党字〔2008〕6 号】

九 月

9 月 16 日 路桥公司召开股东会会议，一致通过如下事项：免去崔保生的董事职务，选举师洪发为公司董事，其他董事会成员不变；公司董事会由孙富明、何椿年、张会成、郭杰、师洪发等 5 人组成。【河北华北石油路桥

工程有限公司股东会会议决议】

9月27日　根据市场变化的需要,路桥公司决定,成立苏里格项目部。耿广泰同志任苏里格项目部经理,免去其冀东项目部副经理职务;李文江同志任苏里格项目部副经理,免去其冀东项目部副经理职务。【华油路桥组〔2008〕41号】

十 二 月

12月28日　人事处处务会研究决定,免去范跃宣的路桥公司副总经济师职务;免去刘新民的路桥公司冀中项目部经理职务。【华北人事处〔2008〕20号】

本年末　河北华北石油路桥工程有限公司共有员工192人。【2008年度人事劳资报表资料】

二〇〇九年

二 月

2月4日　路桥公司决定,张建秋同志任冀中项目部经理,免去其搅拌站站长职务;李怀勇同志任搅拌站站长;免去范跃宣同志的副总经济师职务;免去刘新民同志的冀中项目部经理职务。【华北路桥组〔2009〕1号】

三 月

3月17日　路桥公司党总支决定,陈进山同志任公司机关党支部书记;史秀华同志任冀中项目部党支部书记;李怀勇同志任搅拌站党支部书记;李炳刚同志任冀东项目部党支部书记;公岩岭同志任二连项目部党支部书记;牟常东同志任重庆项目部党支部书记;免去张建秋同志的搅拌站党支部书记职务;解孟江同志不再负责二连项目部党支部工作。【华油路桥组字〔2009〕8号】

五　月

5月15日　华北石油管理局决定，张会成任河北华北石油路桥工程有限公司执行董事兼总经理、法定代表人。【华油组〔2009〕17号】

5月21日　人事处处务会研究决定，免去史秀华同志的冀中项目部党支部书记职务。【华北人事处〔2009〕10号】

六　月

6月17日　路桥公司完成股权置换，将全部股权转让给华北石油管理局，路桥公司的全部股权由华北石油管理局持有，公司变更为华北石油管理局法人独资的有限责任公司，纳入华北油田公司未上市企业管理。【河北华北石油路桥工程有限公司股东会决议】

七　月

7月15日　路桥公司党总支决定，张建秋同志任冀中项目部党支部书记。【华北路桥党〔2009〕12号】

本年末　河北华北石油路桥工程有限公司共有员工190人。【2009年度人事劳资报表资料】

二〇一〇年

六　月

6月22日　人事处处务会研究决定，潘磊任河北华北石油路桥工程有限公司经营开发部副主任，免去其河北华北石油路桥工程有限公司重庆项目部副经理职务；夏建伟任河北华北石油路桥工程有限公司技术质量部副主任，免去其河北华北石油路桥工程有限公司重庆项目部总工程师职务。【华北人事处〔2010〕7号】

七　月

7月15日　路桥公司党总支决定，陈进山任机关党支部书记；张建秋任冀中项目部党支部书记；李炳刚任冀东项目部党支部书记；李怀勇任搅拌站党支部书记；李文江任苏里格项目部党支部书记；牟常东任二连项目部党支部书记，免去其重庆项目部党支部书记职务。【华油路桥党〔2010〕17号】

九　月

9月20日　华北油田分公司党委决定，金发琮同志任河北华北石油路桥工程有限公司党总支委员、书记，免去其水电厂党委委员职务；免去张会成同志的河北华北石油路桥工程有限公司党总支书记、委员职务。【华北党〔2010〕52号】

9月20日　华北油田分公司决定，金发琮任河北华北石油路桥工程有限公司总经理（正处级），免去其水电厂副厂长职务；顾本任河北华北石油路桥工程有限公司常务副总经理（副处级）；免去张会成的河北华北石油路桥工程有限公司总经理职务。【华北组〔2010〕174号】

本年末　河北华北石油路桥工程有限公司共有员工189人。【2010年度人事劳资报表资料】

二〇一一年

一　月

1月9日　根据油田公司组织机构编制设置的有关规定，为进一步精简编制，优化岗位设置，便于人员设备的流动、转移和施工队伍调遣，经公司研究并报请华北油田分公司批准，对组织机构进行调整。公司机关设综合办公室、财务科、计划经营科、人事科、生产机动安全科5个职能科室；直属单位：供应站；基层设第一工程处、第二工程处、第三工程处及工程技术服务处（含路桥设计所和试验检测中心）等4个单位。【华北路桥人劳

〔2011〕1号〕

1月10日　公司党委组织部研究决定，林晓东同志任河北华北石油路桥工程有限公司第一工程处党支部书记；张建秋同志任河北华北石油路桥工程有限公司第一工程处党支部副书记；李炳刚同志任河北华北石油路桥工程有限公司第二工程处党支部书记；裴文通同志任河北华北石油路桥工程有限公司第二工程处党支部副书记；耿广泰同志任河北华北石油路桥工程有限公司第三工程处党支部书记。【华北组部〔2011〕2号】

1月10日　人事处研究决定，张建新任河北华北石油路桥工程有限公司计划经营科科长；潘磊任河北华北石油路桥工程有限公司计划经营科副科长；王家亮任河北华北石油路桥工程有限公司财务科科长；刘志兰任河北华北石油路桥工程有限公司人事科科长；闫增楼任河北华北石油路桥工程有限公司生产机动安全科科长；崔宝军任河北华北石油路桥工程有限公司工程技术服务处副主任；张建秋任河北华北石油路桥工程有限公司第一工程处主任；张赶梁任河北华北石油路桥工程有限公司第一工程处副主任；李怀勇任河北华北石油路桥工程有限公司第一工程处副主任；林晓东任河北华北石油路桥工程有限公司第一工程处副主任；裴文通任河北华北石油路桥工程有限公司第二工程处主任；李炳刚任河北华北石油路桥工程有限公司第二工程处副主任；夏建伟任河北华北石油路桥工程有限公司第二工程处副主任；耿广泰任河北华北石油路桥工程有限公司第三工程处主任；杨建功兼任河北华北石油路桥工程有限公司工程技术服务处主任；免去王奉天的冀中项目部副经理职务。由于重组整合和机构更名，以上人员原任职务自行免除，不另办理免职手续。【华北人事处〔2011〕1号】

八　月

8月19日　路桥公司决定，免去王家亮的路桥公司财务科科长职务，聘李西桥为路桥工程公司财务科科长。【华北路桥党〔2011〕15号】

本年末　河北华北石油路桥工程有限公司共有员工185人。【2011年度人事劳资报表资料】

二〇一二年

一 月

1月16日 河北华北石油港华勘察规划设计有限公司研究决定,河北华北石油港华勘察规划设计有限公司成立路桥设计所。设计范围包括:市政(燃气工程、轨道交通工程除外)道路工程。【华北港华〔2012〕1号】

二 月

2月20日 华北油田分公司党委组织部决定,李炳刚任河北华北石油路桥工程有限公司第三工程处主任、党支部书记,免去其河北华北石油路桥工程有限公司第二工程处党支部书记、副主任职务;耿广泰任河北华北石油路桥工程有限公司第二工程处党支部书记、副主任,免去其河北华北石油路桥工程有限公司第三工程处主任、党支部书记职务。【华北组部〔2012〕6号】

六 月

6月1日 华北石油管理局研究决定,梁福来任路桥公司副总经理,免去其水电厂厂长职务。【华油组〔2012〕15号】

6月1日 华北油田分公司党委研究决定,梁福来同志任路桥公司党总支委员、书记;金发琮同志不再担任路桥公司党总支书记,改任党总支副书记。【华北党〔2012〕32号】

九 月

9月14日 华北油田分公司党委组织部决定,褚延华任河北华北石油路桥工程有限公司人事科科长。【华北组部〔2012〕27号】

本年末 河北华北石油路桥工程有限公司共有员工182人。【2012年度人事劳资报表资料】

二〇一三年

三　月

3月28日　为贯彻落实油田公司管理提升活动和公司提升工程质量管理的有关要求，实现公司创建"技术服务型、管理创新型"企业的目标，努力研究推广新技术，提升质量管理水平和企业竞争能力，公司成立科技管理委员会。【华北路桥技质〔2013〕24号】

本年末　河北华北石油路桥工程有限公司共有员工179人。【2013年度人事劳资报表资料】

二〇一四年

一　月

1月15日　华北油田分公司党委决定，增补顾本同志为公用事业管理处党委委员，免去其河北华北石油路桥工程有限公司党总支委员职务；增补石伟同志为河北华北石油路桥工程有限公司党总支委员，免去其河北华北石油房地产开发有限公司党总支委员职务。【华北党〔2014〕5号】

1月15日　华北油田分公司决定，顾本任公用事业管理处副处长、安全总监，免去其河北华北石油路桥工程有限公司常务副总经理、安全总监职务；石伟任河北华北石油路桥工程有限公司副总经理、总会计师（副处级），免去其河北华北石油房地产开发有限公司副总经理、总会计师职务。【华北组〔2014〕10号】

1月15日　华北石油管理局决定，顾本任公用事业管理处副处长、安全总监，免去其河北华北石油路桥工程有限公司常务副总经理、安全总监职务；石伟任河北华北石油路桥工程有限公司副总经理、总会计师（副处级），免去其河北华北石油房地产开发有限公司副总经理、总会计师职务。【华油组〔2014〕3号】

1月21日　华北油田分公司党委组织部决定，杨国胜任河北华北石油路桥工程有限公司副总经理、安全总监、党总支委员；明确杨国胜、杨建功按华北油田分公司所属正处级单位助理（副总师）管理；免去李天华的河北华北石油路桥工程有限公司副总经理，党总支副书记、委员，工会主席职务；免去孙荣跃的河北华北石油路桥工程有限公司副总经理、党总支委员职务。【华北组部〔2014〕4号】

六　月

6月6日　河北华北石油路桥工程有限公司召开第二届工会委员会第二次全体会议，会议选举梁福来为工会主席。【华北工会〔2014〕15号】

十 一 月

11月24日　华北油田分公司党委决定，金发琮同志任天成实业集团有限公司党委委员、副书记，免去其河北华北石油路桥工程有限公司党总支副书记、委员职务；于波涛同志任河北华北石油路桥工程有限公司党总支委员、书记；免去梁福来同志的河北华北石油路桥工程有限公司党总支书记职务，改任党总支副书记。【华北党〔2014〕56号】

11月24日　华北油田分公司决定，梁福来任河北华北石油路桥工程有限公司总经理（正处级）；于波涛任河北华北石油路桥工程有限公司副总经理；免去金发琮的河北华北石油路桥工程有限公司总经理职务。【华北组〔2014〕143号】

11月24日　华北石油管理局决定，金发琮任天成实业集团有限公司总经理、华北油田科工贸总公司总经理，免去其河北华北石油路桥工程有限公司总经理职务；梁福来任河北华北石油路桥工程有限公司总经理（正处级）；于波涛任河北华北石油路桥工程有限公司副总经理。【华油组〔2014〕18号】

十 二 月

12月24日　华北石油管理局决定，梁福来任河北华北石油路桥工程有限公司执行董事；免去金发琮的河北华北石油路桥工程有限公司执行董事职

务。【华北石油管理局关于梁福来、金发琼任免职的通知】

本年末　河北华北石油路桥工程有限公司共有员工 179 人。【2014 年度人事劳资报表资料】

二〇一五年

一　月

1月9日　为进一步加强搅拌业务运行管理，公司设立搅拌站。按照人随资产走的原则，将搅拌业务从第一工程处分离出来，组建搅拌站。【华北路桥人劳〔2015〕4 号】

1月12日　华北油田分公司党委组织部决定，李西桥任路桥公司财务科科长；裴文通任路桥公司第一工程处主任和党支部委员、副书记，免去其第二工程处主任和党支部副书记、委员职务；张建秋任路桥公司第一工程处党支部委员、书记，免去其第一工程处主任职务，改任副主任；李炳刚任路桥公司第二工程处主任和党支部委员、副书记；林晓东任路桥公司工程技术服务处党支部委员、书记和副主任，免去其第一工程处党支部书记、委员和副主任职务；崔宝军任路桥公司工程技术服务处主任；免去杨建功的路桥公司工程技术服务处主任职务。【华北组部〔2015〕3 号】

1月14日　路桥公司决定，王川明同志任搅拌站站长、党支部副书记（中队级）；牟常东同志任搅拌站党支部书记、副站长（中队级）。【华北路桥办〔2015〕5 号】

1月28日　为便于生产经营管理，第二工程处与第三工程处合并为第二工程处。合并后，按照人随资产走的原则，相关人员随业务划转。【华北路桥人劳〔2015〕8 号】

二　月

2月3日　为进一步加强公司行政党务事务管理，理顺办公室管理职能，规范工作机制，综合办公室更名为办公室（党群工作科），原定员和职责不变。【华北路桥人劳〔2015〕10 号】

2月13日 华北油田分公司党委组织部决定，陈进山任路桥公司办公室主任、党群工作科副科长；王伟任路桥公司党群工作科科长、办公室副主任。【华北组部〔2015〕8号】

三 月

3月10日 河北华北石油路桥工程有限公司召开第二届工会委员会第三次全体会议，会议选举于波涛为工会主席，王伟为工会副主席。【华北工会〔2015〕8号】

十 二 月

12月2日 华北油田分公司党委决定，师洪发同志任河北华北石油路桥工程有限公司党总支委员、副书记；免去梁福来同志的河北华北石油路桥工程有限公司党总支副书记、委员职务。【华北党〔2015〕48号】

12月2日 华北油田分公司决定，师洪发任河北华北石油路桥工程有限公司总经理（副处级），免去其内蒙古华港兴洁天然气有限公司经理职务；免去梁福来的河北华北石油路桥工程有限公司总经理职务。【华北组〔2015〕143号】

12月2日 华北石油管理局决定，师洪发任河北华北石油路桥工程有限公司总经理（副处级），免去其内蒙古华港兴洁天然气有限公司经理职务；免去梁福来的河北华北石油路桥工程有限公司总经理职务。【华油组〔2015〕17号】

12月2日 华北石油管理局决定，师洪发任河北华北石油路桥工程有限公司执行董事、总经理；免去梁福来的河北华北石油路桥工程有限公司执行董事、总经理职务。【华北石油管理局关于师洪发、梁福来任免职的决定】

本年末 河北华北石油路桥工程有限公司共有员工174人。【2015年度人事劳资报表资料】

后 记

在华北油田分公司人事处、《华北油田组织史资料》编纂办公室的领导和专家的指导下，在河北华北石油路桥工程有限公司领导的关心和支持下，经过全体编纂人员的辛勤努力，由河北华北石油路桥工程有限公司组织编纂的《华北油田组织史资料（基层卷）第一部 第三十二卷》正式出版了。本书以组织机构的建立、发展、沿革为主体，系统地展现了河北华北石油路桥工程有限公司从成立到改革发展、创新突破的发展历程，对于总结组织建设发展规律和经验、传承历史、资鉴发展将起到积极作用。

2013 年 4 月，华北油田分公司下发《关于全面启动〈中国石油华北油田组织史资料〉编纂工作的通知》，全面启动企业卷、基层卷的编纂工作。河北华北石油路桥工程有限公司根据华北油田分公司的工作部署，成立了由总经理负责，人事部门牵头，办公室（党群工作科）等单位支持的河北华北石油路桥工程有限公司组织史编纂领导小组，于 2017 年 12 月完成正文的校核及综述的编纂修改工作，最终统稿成书。

编纂河北华北石油路桥工程有限公司组织史资料既是落实集团公司、华北油田分公司的一项工作部署，同时也是河北华北石油路桥工程有限公司发展建设的内在需求。自 2000 年成立以来，河北华北石油路桥工程有限公司走过多年奋斗历程，几代石油人为河北华北石油路桥工程有限公司的发展建设奉献了青春和岁月、洒下心血和汗水。本次编纂，认真贯彻华北油田分公司"广征、核准、精编、严审"的工作方针，坚持尊重历史和"求实存真"的原则，恪守真实、全面、准确这个底线，在征编工作中做到了认真严格、耐心细致，理清了河北华北石油路桥工程有限公司自成立以来组织工作发展的整体脉络和基本特点，确保了本书成为系统、完整、准确、全面地反映河北华北石油路桥工程有限公司自成立以来组织沿革情况的正史资料。

在编纂过程中，为保证编入的内容有据可查、真实可靠，全体编纂工作人员均以严肃认真的态度、细致认真的作风，扎实做好文件索引表、文件依据表登记及依据文件汇编等基础工作。文字成稿后，先后进行了多次内部通稿校核，保证了组织史资料的编纂质量，同时形成了一个完整的组织人事专题资料库，方便了今后组织、人事、档案有关工作的查询和利用。

在编纂综述的过程中，以全面反映河北华北石油路桥工程有限公司发展历史和改革过程为出发点，系统收录了组织机构沿革、经营改革、人才队伍建设、党建及思想政治工作等方面的资料。通过查找、整理党代会、职代会领导讲话、党委工作总结，补充丰富综述内容，对路桥公司的战略沿革和发展过程做了较为详细的叙述，以求达到系统保存资料、方便利用、资鉴决策的目的。

本书在成书的过程中，得到了华北油田分公司领导和编纂工作领导小组以及各涉编部门、单位领导的重视和指导。尤其是作为牵头部门的华北油田分公司人事处，在人力、物力、财力方面予以了大力的支持，并给予编纂工作人员工作和生活上的诸多关心，稳定了编纂队伍，保障了编纂工作的顺利开展。华北油田分公司编纂工作领导小组及河北华北石油路桥工程有限公司人事科、办公室（党群工作科）等有关部门积极配合资料查找、审查工作，确保了组织史编纂工作的质量和进度。

值此《华北油田组织史资料（基层卷）第一部　第三十二卷》出版之际，谨向对该书编纂工作给予支持和帮助的所有单位和人员表示衷心的感谢。此外，由于河北华北石油路桥工程有限公司组织机构沿革错综复杂，人事更迭频繁，加之编纂者的水平有限，书中难免有错漏不详之处，恳请读者批评指正。根据集团公司关于组织史编纂工作的有关安排，今后每年都要进行组织史资料基层卷的征集，并每五年续编一次。届时，错漏之处一并修正。

编纂组联系方式

地址：河北省沧州市任丘市渤海东路

邮编：062550　电话：0317-2727247　传真：0317-2723432

河北华北石油路桥工程有限公司组织史资料编纂组

2024 年 12 月

《中国石油华北油田组织史资料》系列图书
出版说明

为充分发挥组织史"资政、存史、育人、交流"的作用，按照中国石油天然气集团公司（以下简称集团公司）的要求，华北油田分公司于2013年4月同步启动《中国石油华北油田组织史资料》系列图书企业卷和基层卷的编纂工作，并明确由华北油田分公司人事处负责具体牵头组织。

《中国石油华北油田组织史资料》（1976—2013）企业卷（编号CNPC-YT10）共3卷4册，由华北油田组织史资料编纂办公室组织编纂，集团公司人事部编纂办公室规范性审查后，由石油工业出版社统一出版，于2016年12月出版发放。

《华北油田组织史资料》（基层卷）第一部共37卷40册，由各基层企事业单位人事部门负责牵头组织编纂并形成初稿。华北油田组织史资料编纂办公室规范性审查后提出审核意见，各基层企事业单位按照审核意见修改合格，形成送审稿。送审稿报集团公司人事部编纂办公室规范性审查后，由石油工业出版社统一出版。《中国石油华北油田组织史资料》（基层卷）第一部出版编码：HBYT-JCJ-1-01 至 HBYT-JCJ-1-37。

编纂《中国石油华北油田组织史资料》系列图书是响应集团公司安排部署，全面加强组织人事工作科学化、规范化建设的重要任务，是一项政策性、技术性、规范性、连续性很强的业务工作，是《中国石油组织史资料》的重要组成部分。《中国石油华北油田组织史资料》系列图书的编纂，厘清了华北油田勘探开发40年来，从华北石油会战指挥部到华北石油管理局和华北油田分公司各级党政组织的成立、更名、发展、撤并以及领导干部变动情况等内容，为企业资政、存史、育人、交流提供了真实可信的依据。这套翔实完整的系列图书，从工业企业史的角度丰富了华北油田的历史资料，为组织人事、史志研究、档案管理等部门人员从事相关业务提供了诸多便利，为体制改革和机构调整提供了历史借鉴。值此《中国石油华北油田组织史资料》系列图书出版之际，谨向对该套图书出版工作给予支持和帮助的所有单位和人员表示衷心的感谢！

由于掌握资料和编纂者水平有限，丛书难免存有错漏，恳请读者批评指正。对华北油田企业卷、基层卷的意见建议请联系华北油田组织史资料编纂办公室；对各单位基层卷的意见建议请联系各单位编纂组或组织史资料编纂办公室。对书中错漏之处我们将统一在今后续编时一并修改完善。

华北油田组织史资料编纂办公室联系方式

联系单位：中国石油华北油田分公司人力资源部/党委组织部

通信地址：河北省任丘市

联系电话：0317-2725521，2704209

电子邮箱：rsc_yz@petrochina.com.cn，hj_weitong@petrochina.com.cn

《中国石油华北油田组织史资料》系列图书目录

《中国石油华北油田组织史资料》企业卷（共4卷12册）		
编号	**卷号**	**卷名**
CNPC-YT10	第一卷	华北石油会战指挥部（1976.2—1981.6）
CNPC-YT10	第二卷（共二册）	华北石油管理局（1981.6—2008.2）（上）
		华北石油管理局（1981.6—2008.2）（下）
CNPC-YT10	第三卷	华北油田分公司（1997.7—2013.12）
CNPC-YT10	第四至六卷（共八册）	华北油田分公司（2014.1—2018.12）
华北油田组织史资料（基层卷）第一部（共37卷40册）		
编号	**卷号**	**卷名**
HBYT-JCJ-1-01	第一卷（上）	第一部分　油田指挥部—采油厂（1976.3—1983.1）
		第二部分　华北石油管理局 第一采油厂（1983.1—1999.9）
	第一卷（下）	第三部分　华北油田分公司 第一采油厂（1999.9—2015.12）
HBYT-JCJ-1-02	第二卷	第二采油厂（1983.1—2015.12）
HBYT-JCJ-1-03	第三卷	第三采油厂（1983.1—2015.12）
HBYT-JCJ-1-04	第四卷	第四采油厂（1983.1—2015.12）

编号	卷号	卷名
HBYT–JCJ–1–05	第五卷	第五采油厂（1986.8—2015.12）
HBYT–JCJ–1–06	第六卷（上）	第一部分　二连公司（1984.4—1999.9）
	第六卷（下）	第二部分　二连分公司（1999.9—2015.12）
		第三部分　二连油区综合服务处（1999.9—2006.3）
HBYT–JCJ–1–07	第七卷	储气库管理处（2010.2—2015.12）
HBYT–JCJ–1–08	第八卷	第一部分　油田勘探开发研究院—石油勘探开发研究院（1973.12—1977.8）
		第二部分　石油勘探开发设计研究院（1977.8—1984.11）
		第三部分　勘探开发研究院（1984.11—2015.12）
HBYT–JCJ–1–09	第九卷	采油工程研究院（1983.1—2015.12）
HBYT–JCJ–1–10	第十卷	地球物理勘探研究院（1999.12—2015.12）
HBYT–JCJ–1–11	第十一卷	数据中心—数据中心（档案中心）（2014.7—2015.12）
HBYT–JCJ–1–12	第十二卷	第一部分　山西煤层气勘探开发分公司（2006.5—2015.12）
		第二部分　长治煤层气勘探开发分公司（2011.5—2016.11）
HBYT–JCJ–1–13	第十三卷	苏里格项目部（2008.5—2015.12）
HBYT–JCJ–1–14	第十四卷	第一部分　燃气处（2005.1—2009.7）
		第二部分　河北华港燃气有限公司—华港燃气集团有限公司（2009.7—2015.12）
HBYT–JCJ–1–15	第十五卷	第一部分　科工贸总公司（1992.7—2004.9）
		第二部分　河北华北石油天成实业集团有限公司（2004.9—2015.12）
HBYT–JCJ–1–16	第十六卷	第一部分　房产开发公司（华北油田城市综合开发实业总公司）—华北油田城市综合开发实业总公司（1993.2—2004.5）
		第二部分　河北华北石油房地产开发有限公司（2004.5—2015.12）
HBYT–JCJ–1–17	第十七卷	第一部分　第二综合服务处（1996.3—2002.12）
		第二部分　第五综合服务处（1996.12—2010.3）
		第三部分　第九综合服务处（1996.12—2001.6）
		第四部分　华美物业管理处（2001.4—2010.3）
		第五部分　华美综合服务处（2010.3—2015.12）

编号	卷号	卷名
HBYT-JCJ-1-18	第十八卷	第一部分 第四综合服务处（1996.4—2005.4）
		第二部分 第十五综合服务处（1996.12—2005.4）
		第三部分 华丽综合服务处（2005.4—2015.12）
HBYT-JCJ-1-19	第十九卷	第一部分 第六综合服务处（1996.12—2007.3）
		第二部分 第十一综合服务处（1996.12—2007.3）
		第三部分 第七综合服务处（1996.12—2010.3）
		第四部分 华佳综合服务处（2007.3—2015.12）
HBYT-JCJ-1-20	第二十卷	第一部分 第三综合服务处（1996.4—2008.10）
		第二部分 第十三综合服务处（1996.12—2008.10）
		第三部分 华苑综合服务处（2008.10—2015.12）
HBYT-JCJ-1-21	第二十一卷	第一部分 第一综合服务处（1996.4—2008.10）
		第二部分 第十四综合服务处（1996.12—2008.10）
		第三部分 华兴综合服务处（2008.10—2015.12）
HBYT-JCJ-1-22	第二十二卷	第十二综合服务处—华隆综合服务处（1996.12—2015.12）
HBYT-JCJ-1-23	第二十三卷	第一部分 第八综合服务处（1996.12—2010.3）
		第二部分 华盛综合服务处（2010.3—2015.12）
HBYT-JCJ-1-24	第二十四卷	第十综合服务处—华达综合服务处（1996.12—2015.12）
HBYT-JCJ-1-25	第二十五卷	公用事业管理处（1981.11—2015.12）
HBYT-JCJ-1-26	第二十六卷	供水供电服务中心（2010.3—2015.12）
HBYT-JCJ-1-27	第二十七卷	第一部分 总医院（1976.5—2015.12）
		第二部分 第二医院（1988.6—1997.1）
		第三部分 医疗卫生管理中心（1996.11—2006.3）
HBYT-JCJ-1-28	第二十八卷	第一部分 《华北石油报》社（1976.2—2003.5）
		第二部分 新闻文化管理处（1992.9—1994.5）
		第三部分 华北油田有线广播电视台（1998.10—2003.5）
		第四部分 新闻中心（2003.5—2015.12）
HBYT-JCJ-1-29	第二十九卷	第一部分 水电指挥部（1976.4—1981.9）
		第二部分 水电厂（1981.9—2015.12）

编号	卷号	卷名
HBYT-JCJ-1-30	第三十卷	第一部分　华北石油会战指挥部供应指挥部（1976.3—1981.9）
		第二部分　华北石油管理局器材供应处（1981.9—2008.2）
		第三部分　华北油田分公司器材供应处（2008.2—2015.12）
HBYT-JCJ-1-31	第三十一卷	第一部分　通讯处（1976.4—1997.8）
		第二部分　通信公司—华北石油通信公司（1997.8—2015.12）
HBYT-JCJ-1-32	第三十二卷	河北华北石油路桥工程有限公司（2000.2—2015.12）
HBYT-JCJ-1-33	第三十三卷	消防支队（2004.12—2015.12）
HBYT-JCJ-1-34	第三十四卷	公司小车队（1976.3—2015.12）
HBYT-JCJ-1-35	第三十五卷（上）	第一部分　华北石油党校（1977.4—2003.5）
		第二部分　华北石油技工学校（1978.9—1996.11）
		第三部分　华北石油卫生学校（1982.11—2003.5）
		第四部分　华北石油财经学校（1983.9—1996.11）
		第五部分　华北石油教育学院（1983.11—2003.5）
	第三十五卷（下）	第六部分　华北石油中等职业学校（1996.11—2003.5）
		第七部分　华油职业技术学院—渤海石油职业学院（2003.5—2015.12）
HBYT-JCJ-1-36	第三十六卷	第一部分　华北石油技工学校（1976.9—1978.7）
		第二部分　华北石油学校（1978.7—2004.2）
		第三部分　天津石油职业技术学院（2004.2—2015.12）
HBYT-JCJ-1-37	第三十七卷	第一部分　接待处—招待所（1976.2—2008.11）
		第二部分　北戴河石油工人疗养院—职工疗养院—北戴河疗养院（1976.2—2008.11）
		第三部分　招待处（北戴河疗养院）（2008.11—2015.12）